小学校入学前に
ことばの力をつける
魔法の本棚

麻布学園国語科教諭
中島克治

小学校入学前に
ことばの力をつける
魔法の本棚

はじめに

みなさん、子育てを楽しんでいらっしゃいますか？

子どもはかわいいですが、なかなか親の思うとおりにはなりません。むしろ、ならないことばかりと言っても過言ではないでしょう。イライラしたり、悩んだりすることが、永遠に続くように思われるときもあるかもしれません。かわいいはずのわが子なのに、どうして私は向き合うことがつらいのだろうと、自分を責めてしまうこともありますよね。

そんなときには、一切合切《いっさいがっさい》を投げ出して、絵本を手にとってみてください。最も手軽に親子で楽しめて、気持ちをリフレッシュできるのが、絵本の読み聞かせです。

お子さんをひざにのせて絵本を開いてみましょう。きっと穏やかでゆったりとした気持ちになると思います。お互いの体温や息づかいを感じながら絵本を読む時間ほど、豊かでいとおしいひとときはないでしょう。子どもにとっても大好きなお父さん、お母さんの声で本を読んでもらえるひとときは宝物。こんなに幸せなことはありません。

『おひさま　あははは』（前川かずお・作　こぐま社）という絵本があります。いろいろなものがほほえみかけてくれる、ただそれだけの本ですが、幼い子どもはそのような世界が大好きです。そして、お父さんやお母さんが、自分といっしょにいてくれるだけで、ものすごくうれしいのです。親子のきずなは、こんな簡単なことから育まれます。

人と人とを結ぶのに、もっとも大切なものが「心」です。

そして、だれであれ、さまざまな感情があります。自分の心の状態をどのように受け止め、また他の人がどのような気持ちでいるのかを推し量るのが「ことばの力」です。子どものことばの力を育むことは、よりよい人生へと導くことでもあります。

では、ことばの力を伸ばすために、親は子どもとどう接したらよいのでしょうか。実は、難しいことは何もありません。国語の教員として、また一人の父親としての経験を、さやかなアドバイスとして一冊の本にまとめました。気負わずに、肩の力を抜いて、絵本の世界をお子さんと存分に楽しんでください。この本がその一助となれば、幸いです。

Contents

第三章

ことばの力をつける家庭の習慣

装丁・デザイン　阿部美樹子（気戸）
イラスト　たんじあきこ
編集協力　竹中裕子

第　一　章

ことばの力は生きる力

子どもたちをとりまく環境の変化

小学校入学前の幼い子どもたちに対して、私たちは何ができるでしょう。

近年、核家族化、少子化、共働き、親のシングル化などが進みました。当たり前にあった子どもたちとのふれ合いも、困ったときの相談相手も少なくなり、親しい人たちの手を気軽に借りることも難しくなりました。

「当たり前」の子ども時代を過ごしてきた私たちは、子どもたちにかかわる時間や子育てのノウハウが失われつつある時代に親になり、子どもを育てなければなりません。そういう時代の中で成長してきたのが、早期教育のプログラムでしょう。

子どもへの接し方がメソッド化され、ダイレクトメールやメディアに口コミ、インターネットでの情報などを通じて、私たちの元に次々と届くようになりました。ピアノやスイミングなどの習い事だけでなく、乳幼児向けの通信教育や幼児教室などが、子どもたちの可能性を引き出すことを声高にうたっています。また、これからの社会において英語は必ず身につけなければならないと言われていることから、幼児教育の中に英語が積極的に取り入れられるようにもなってきました。

このように、子どもの教育に関する情報があふれる中で、私たちは何を大切に、どのようなことをしていけばよいのでしょう。私は、何よりまず「ことばの力」をつけるべきだと考えます。

幼児期の子どもは、次の三つの領域で成長、発達を続けています。

①「知覚」今何が生じているか、自分の身の回りで起きていることに関心を持つ。
②「理解」それが何なのか、自分なりに判断を下し、ふるまい方を考え、決める。
③「発信」理解したことに基づき、周囲へ自分の態度を表明する。

このように知覚、理解、発信の能力を少しずつ養いながら、やがて社会の中で適応（周囲の反応を踏まえて、自分のふるまいを修正）できるようになっていくのです。

実は、これらの成長の源となるのが、言語力、ことばの力です。状況を把握すること、それをどのように解釈しどう行動するかは、言語力と密接に結びついています。つまりことばの力次第で、その子どもの生きる力も決まってくると言ってもいいでしょう。

ことばの力とは

小学校入学前の子どもにことばの力をつけるためには、何をすればいいのでしょう。とにかくたくさんのことばを覚えさせればいいのでしょうか。それとも、漢字がたくさん書ければいいのでしょうか。

確かにたくさんの単語や熟語の知識は、ことばの力をつけるための大切な要素です。しかし、それが単なる知識にとどまっているだけでは意味がありません。本当のことばの力とは、日々の生活の中できちんとものごとを理解し、考え、自分のことばで表現する力のことなのです。

私は麻布中学校、高等学校で国語科の教師をしており、クラス担任も受け持っています。以前、私が中学生の担任をしていたとき、学校内でちょっとした問題が起こり、それをきっかけに学内の行事のあり方についてクラスで話し合う機会がありました。

私は話し合いに同席はしていましたが、基本的には口を出さず見守ることに徹することにしました。内心彼らにどの程度の話し合いができるのだろうかと心配していたのです。しかし、実際にはたくさんの意見が飛び交い、かなり白熱した議論が展開されました。

生徒たちは議論を通して自分の考えをあらためたり、自分の意見がどう影響するか悩みぬいたあげく発言したり。話し合いがすすむにつれ、日ごろあまり発言をしない生徒まで、ムードに引っ張られて意見を言い始めたりもしました。

このように充実した話し合いができたのは、生徒一人一人がしっかりしたことばの力を持っていたからです。それは一朝一夕に身につくものではありません。彼らは、おそらくこれまでの育ちの中で、それぞれに豊かな言語体験を積んできたのでしょう。

たとえば友だち関係では、意見が衝突したりして悔しい思いをすることもあります。しかしお互いに自分の考えを言い合うことで、結果として仲良くなったり理解が深まったり、妥協のしかたを覚えるもの。子どもの社会性は、このようなやりとりを通して少しずつ育まれます。そして、自分の考えを人に伝えたり、受けとったりする力がついてくることで、内面も形成され、内省する力も備わっていくのです。

ことばの力と親のかかわり

「ことばの力」とは、幼児期から少しずつ養われていくものです。しかし単にドリルなどで、勉強して身につけさせようとしてもうまくはいきません。それだけでは、生きたことばの力が身についたとは言えないからです。

幼児期にことばの力を育てるためには、親子のコミュニケーションが欠かせません。まだうまくしゃべれない子どもに対しては、一方的に話すのではなく、子どものことばを引き出すよう心がけましょう。「おいしいね、どうかな」「おふろは気持ちがいいね、あたたかい？」というように、たとえはっきりした答えが返ってこないときにも、問いかける気持ちを忘れないことです。

子どもに話しかけるときのことば遣いにも気をつけましょう。日々の子育ては大変ですから、イライラしてしかってばかりというお母さんもいるかもしれません。正直なところ、あまりよろしくないことばも、つい口をついて出てしまうことだってあるでしょう。私も同じような経験をしていますから、よくわかります。

とはいえ、投げかけることばが、「ダメ」「何でそんなことするの？」「いいかげんにしなさい」「ぐずぐずしないの！」など、いら立ったようなものばかりでは、子どもも萎縮するだけですし、ことばの美しさや豊かさを伝えることは難しいと思います。そもそも、いつも小言ばかり言っていると、お母さんも楽しくありませんよね。少しずつでいいので、日ごろからお母さん自身が少しでもきれいだなと思えることばを意識して使うようにしてみてください。

お母さんが日本語の豊かさを感じる心を持てるようになると、子どもにも美しいことばを使うことの楽しさ、気持ちよさが無理なく伝わるはずです。感動したことを伝える努力をしていれば、子どもも感じたことを一生懸命伝えるようになるでしょう。

よく「私は読書家でもないし、国語も得意というわけではありません。そんな私に、子どものことばの力を育てることはできるのでしょうか?」という質問をいただきます。答えはもちろん「大丈夫」です。

なぜなら、ことばは親子のコミュニケーションを軸にして育つからです。心の通ったやりとりを通して豊かになっていくものですから、ドリル学習をして語彙を増やすことに期待するのはほどほどに。それより、何気ない日常の中で、たくさんの気持ちやことばをやりとりできる、あたたかく安心な家庭環境を整える方が大切です。

対話できる子に育てよう

ことばのかけかたにもちょっとしたポイントがあります。一つわが家で実践している例を紹介しましょう。それは近所の方たちとのお付き合いです。

私たち家族はマンションで生活しています。共有部分であるエレベーターや通路などでマンションの住人に出会ったら、もちろん必ずあいさつをします(これは当たり前のマナーですが）。そんなとき子どもを連れていると、たいてい「大きくなったわね」「お手伝いしているの、お姉さんになったね」など、子どもにも声をかけてくれるわけです。

一人っ子なので、どうしても親以外との対話経験が少なくなりがちな娘でしたが、こんなちょっとしたきっかけから、少しずつ近所の方にあいさつができるようになり、聞かれたことにも答えられるようになっていきました。

「こんにちは」と言えば「あら、ごあいさつができるのね、えらいわね」とほめてもらえます。子どもとしては少し恥ずかしい気持ちはあってもとても誇らしい瞬間です。そのおかげでちょっとした会話を楽しいと感じられるようになったように思います。本書では、さまざまなことば育ての方法をご紹介していますが、それらのすべてに基本としてあるのは、ほめることだと思っています。人はだれでも、ほめられたり評価されるとうれしいものですね。その気持ちから、自分も何か言ってみようという意欲につながっていくのです。

また、「なぜ」「何」と何でも聞きたがる時期には、あえて即答せず、親の方から「なぜだろうね」「何だろうね」と、問い返してみましょう。何かに疑問を感じたときには、すぐに聞くのではなく、まずは一度考えさせましょう。問題点のヒントをつかんだり応用したりする力につながります。これは幼児期に限らず、学齢期以降でも有効な働きかけですからぜひ心がけてください。

子どものことばを引き出すのは親のつとめです。対話を繰り返すことでことばの力が育っていきますから、親が一方的に話すことのないよう注意してください。子どもが自分からことばを発するような、さりげない配慮ができるかどうかが、対話できる子どもに育つカギなのですから。

ことばが出る前のプロセスを大切に　まず理解力

「近所の◯◯ちゃんはおしゃべりが上手なのに、うちの子は…」と悩んでいるお母さんは、たくさんいらっしゃると思います。上手に説明できなかったり、なかなか適当なことばが見つからず、つまったりする子どもを見ていると心配になりますね。

でも、ことばの発達は個人差が大きいですから、ゆったりと構えた方がいいでしょう。幼児期の今は、なめらかに話せなくても、たくさんの単語を知らなくても全く問題はありません。

子どもは成長する中でいろいろなことを感じ、受け止めています。しかし、まだ自分の中で順序立てることができず、うまく話せないでいるのです。むしろたくさんのことを感じているからこそ、どう話したらよいかわからない場合もあります。あるいは、じゅうぶんにことばが出ていないけれど、今は情報を自分の中にとりこみ、理解することに全力を傾けている段階なのかもしれません。

ことばの力をつけるためには、このプロセスを経ているかどうかが大切で、それはその後の学力にも深く関係してきます。なぜなら、「ことばの力」とは「聞く力、情報収集する力、そしてそれを確実に理解する力」であり、それが備わっていると、情報がたくさん入ってきても正しくとりこむことができるようになるからです。

会話の中でことばが出なくても、子どもは一生懸命、理解しようとしているのですから、気長に待つことで、子どもの理解力は育っていきます。

また、ことばは出ているものの、なめらかとは言えず、説明するのに時間がかかってしまうこともあります。これも焦る必要はありません。ものごとを正確に説明しようとすると、どうしてもことば選びに時間がかかります。それは、その子の「きちんと理解して完璧に説明したい」という思いの強さの表れですから、むしろ将来が頼もしいぐらいです。

子どもが何か話したいという顔をしていたら、じっくり聞いてみましょう。なかなかことばが出てこないときは、「いろんなことを感じたんだね」「何から話していいか迷うよね」「これはどうだった?」という程度に促してもかまいません。もちろん何も出てこない場合もありますが、少しでも頑張って話せたのなら、たくさんほめてあげてください。

伝えたいという子どもの気持ちはできるだけくみとりたいものですね。ていねいなことばのやりとりを重ねることで、少しずつ子どものことばを引き出していきましょう。

心とことばをつなぐ絵本

幼児期は、ことばが頭の中でバラバラに存在しているような状態です。ではどうしたらことばと感情がつながるのでしょう。

私は、娘にさまざまな経験をさせるよう心がけてきました。ときにはがまんすること、悲しい気持ちになることもありましたし、思いがけずうれしい出来事も起こりました。その経験とことばを結びつけたのが絵本でした。絵本の中で、登場人物と自分を重ね合わせた時に、それまでは漠然と感じていたものが、ことばとつながり、その意味を理解できるようになったのです。

たとえば、「このあいだ家族でピクニックに行った時のフワフワしたような気持ちは、この絵本に出てくるきつねさんと同じだな。うれしいっていうことなんだな」というように（もちろん、子どもの頭の中でここまで整理されて理解しているわけではありませんが）。

自分の感じたことをことばにして受けとめる引き出しをたくさん持つことができれば、豊かな情緒が育っていくでしょう。絵本の読み聞かせを通して、喜怒哀楽などの感情を表すことばを、子どもの中に少しずつ増やしていけるといいですね。

具体的な読み聞かせの方法は、第三章にくわしく紹介しています。ぜひ参考にしてください。

ことばの力と友だち関係

集団生活に入るころになると「うちの子、ちゃんとお友だちと遊べるのかしら」「いじめられたりしないかな」など、子どもの友だち関係が気になってくるものです。入園前でも公園などで、ちょっとした子ども同士のもめごとにハラハラした経験は誰にでもあるでしょう。

この時期は月齢の差も大きく、子どもの個性や性格もありますから、あまり深刻に悩む必要はありません。しかし、ものごとに対する理解力があるかどうかで、友だちとの関係性が形づくられる傾向があるのも事実です。

たとえば保育園や幼稚園でも、ことばの達者な子がリーダー的存在になることはよくあります。もちろん、「ことばが達者＝理解力がある」ということではありません。相手の気持ちがわからず、無理に自分のやりたいことを通してトラブルになることもあるでしょう。

また、思っていることをうまく伝えられず、友だちに言われっぱなしの子もいます。どちらがいい、悪いということではありません。それぞれがコミュニケーションについて必死に学んでいる時期だと理解してください。

親としては気になることもあるでしょうが、我慢して見守ってください。小学生になれば、徐々に理解力もついてきて、自然と気持ちに余裕が生まれます。周囲に対して優しくできるようにもなりますし、流されず、冷静に状況を判断できるようになります。目の前の状況をきちんと理解し、ことばにできるようになれば、友だちともうまく付き合うことができるのです。

ただ、個人差もありますし、だれもが友だち関係に多かれ少なかれ、不安を感じるものです。そんなときはぜひ、絵本の力を借りてください。

わが家でも娘が幼稚園のころは折々に不安そうな様子が見られました。そんなときに助けられたのが、何度か読み聞かせていた『だいじょうぶ　だいじょうぶ』（いとうひろし・作・絵　講談社）という絵本です。

この物語には「友だちになろう、合わせようと無理をしなくても、いつか自然に近づくことができる」ということが書かれています。大人である私自身も共感し、気が楽になったものです。私は物語に登場するおじいさんにならって、「だいじょうぶ　だいじょうぶ」と娘を励ましました。

友だち関係で問題なのは、子ども同士のトラブルなのに、大人が下手にかかわったことでこじれてしまうケースです。親は自分の子どもから聞いた事情だけで状況を判断することが多いので、保育園、幼稚園や学校、相手の保護者とのトラブルに発展することもあります。相手とじっくり話せば理解し合えることもあるでしょう。子どもや周囲の人たちを信頼し、冷静な対応を心がけましょう。

子どもは集団の中でこそ育つもの

子どもの育ちは親の手のかけかた次第であることは間違いありませんが、現実には親の思い通りには育たないものです。だからこそ、子育てには悩みがつきないわけですが、私はその方が健全だと思います。

子どもにとって最もインパクトがあるのは、世代の近い子どもたちです。子ども同士の交流、やりとりの中で、集団の中での遊びやことば遣い、ふるまい方を学び、社会性を育んでいる側面もあります。

たとえば身支度やお手伝いなど、親がいくら注意してもやろうとしなかったり、できなかったりしたことが、友だちとの競争意識の中で、いつの間にか見よう見まねでできるようになることはよくありますね。大好きな友だちがやっていることなら、自分もやってみようかなと思うのはごく自然なことです。

娘を見ていても、同年代の子どもたちとのふれ合いを楽しんだ後には、気持ちもことばも軽やかになっているように感じます。もちろんいやな思いをしたり、はしたないことば遣いを覚えてきたりもするし、友だちとのいさかいも生じます。しかし、私はそれでいいと思います。むしろそのような事柄から遠ざけた環境の中で育つ方が、不自然だと思います。親はどうしてもそうした不純物をとり除きたくなるものですが、子ども同士の関係の中でこそ育つものを、大切に見守っていきたいものです。

お母さんが働いていて手をかけられない

共働きの家庭が増え「子どもに手をかけられない」と悩んでいるお母さんもいるようで

す。平日に手をかけてあげられないから、専業主婦のように細やかなケアができない。だから、せめて習い事をたくさんやらせてその穴をうめたいという思いもあるのかもしれません。しかし習い事ばかりさせるのはおすすめできません。それよりも時間は短くても親子のふれ合いを大切にした方がずっといいでしょう。

私は、これまで多くのお母さんたちと接してきましたが、すてきな子育てをしているなあと感じる方の多くは、オン・オフを上手に使い分けているように思います。

たとえば、平日は仕事と家事をできるだけこなし、週末には家族でのんびり過ごすというように、生活にメリハリを持たせます。普段はゆっくりする時間はないけれど、週末はお母さんやお父さんと遊べるとわかっていれば、きっと子どもも少々のことはがまんできるでしょう。お母さんが働いていても、しっかりと親子のふれ合いの時間を持った子どもは、実にのびのびと育っているし、同時に親のことも尊敬しているものです。これも家庭の理想的な姿の一つではないでしょうか。

何もかも完璧にこなす必要はありません。周囲にふりまわされて「ピアノ」も「英語も」「塾も」と、習い事ばかりしている子は、結局はすべて親がかりになり、なかなか自立できないということにもなりかねませんから。

それぞれの事情で子どもにやれないことがあっても、そこは割り切ることです。できるときに全力でかかわるという親の姿勢さえブレなければ、やがて自分で考えて行動できる、頼もしい子どもに育っていきますよ。

共働きの場合はお父さんの理解と協力が欠かせません。たとえばお母さんが疲れているときは「お疲れさま」とねぎらう気づかいを。ゴミ出し、トイレ掃除、食事づくり、子どもの世話など、できることはたくさんあります。お父さんは、できる範囲からもう一歩だけ進み出て、同じ働き手としてお母さんを支え、ともに子育てを楽しんでほしいと思います。

保育園・学童保育・鍵っ子

私は、両親が共働きだったので、保育園・学童保育の経験者です。その保育園も学童保育も、私の両親が同様のニーズを抱えた方々と協力し、住民たちや行政にはたらきかけて設立したものです。私の通った学童保育は、全国で最初に小学校の校内に設けられたものだったので、新聞にもとり上げられました。

そんな経緯を、当時の私は知るよしもありませんでしたが、自分の親が二人とも働いていることに、小さい頃から誇りを持っていました。テレビのホームドラマに出てくる家族と違うことは気になりましたが、私の場合はそれが当たり前で、寂しいという気持ちは起きませんでした。両親は、いろいろなことを教えてくれたり、休日には外出したり、休みが続くと必ず旅行に連れ出してくれましたから、十分に満たされていました。旅行のプランについては、みんなで相談するというひと手間をかけてくれたので、子どもなりに調べるなど、行く前のプロセスも楽しむことができました。

私は首から鍵をぶら下げていた、文字通りの「鍵っ子」だったのですが、子ども心に何の不安もありませんでした。いっしょにいるときに、親子が楽しみを共有できれば、子どものうれしさは倍増するとお考えください。

私の両親は当時としては飛び抜けて現代的で、家事については完全に分業していました。朝食は父が、夕食は母が担当し、洗濯は主に母、掃除は主に父がやっていたと思います。家計簿についても、一ヶ月交替につけていたのを覚えています。もちろん、互いの出張や体調が悪い場合などには、無理強いすることなく、もう一方が引き受けていたと思います。私のお手伝いも、そうした場面から自然に始まったように思います。

英語教育の前にやるべき大切なこと

多くの親は、自分は中学校から英語を学んでいるのに、英語が苦手なことを嘆いています。しかしこれは当然のこと。中学校の英語の勉強は「読む」「書く」が中心であり、それは「聴く」「話す」とは異なる力なのですから。

「それならもっと早い時期から習わせなければ」と焦り、幼いころから英語教室に入れたくなるのかもしれません。もちろん英語を楽しみとして習うのであれば問題はないのです。ただ、子どものうちは簡単なコミュニケーションが楽しめる程度の英語力をつけるのがせいぜいだと思ってください。もちろん、幼少期から英語に触れることは、その背景にある文化に触れることであり、貴重な経験ですから悪いことではありませんが。

幼少期を海外で過ごすと、現地のことばをネイティブのように話せるようになります。しかし早い時期に帰国した場合、意識的にフォローアップしないとすぐに忘れてしまいます。幼いころに話せていた外国語が定着しないのは、脳の成長発達と関係しています。

人間は七〜八歳ごろまではあまり論理的な思考ができないと言われています。九歳ごろになると、原因と結果をはっきりと理解し、科学的、論理的なとらえかたができるようになります。ですから、物語を読む場合も、主人公を自分と重ねて読めるようになるのは九歳ごろ。同じ時期に、母国語の土台もできあがるとも考えられています。

今では、英語教育が小学校から導入されています。そのため、少しでも早く英語を習わせようとするご家庭が増えていますが、どれほどの効果があるかは疑問です。

確かにバイリンガルにあこがれる気持ちはわからなくもないですが、親が外国籍でもない限りは、まずは日本語の土台をきちんと整えることのほうがずっと重要です。なぜなら、考える力はことばによって養われるものだからです。自分が主に使うことばがしっかり定着していないと、深いところまで理解できず、ことばにする段階で戸惑ってしまう可能性がありますから、母国語の定着を優先させるべきだと思います。

そもそも、いくら語学力だけ鍛えても、話すべき内容を持たなければ、何にもなりません。何語であれ、言いたいことをはっきり伝えられて、かつものごとへの深い理解と豊かな想像力とに支えられていてこそ、人の心を打つのです。ツールとしての英語力だけを強化しても、ものの見方や感受性が伴わなければ、その力が深まることはありません。

まずは日本人としての言語的・文化的な基盤をしっかりと持たせましょう。もちろん、国際結婚のご家庭なら「お父さんとは英語、お母さんとは日本語」などと言語の使い分けルールを明確に決めておくことで、その子は問題なくバイリンガルに育ちます。しかし両親ともに日本人で、日本に暮らしている場合は、家庭でのルールがはっきりしていたとしても、おそらく親自身がそのルールを徹底できませんから、子どもは混乱するだけです。海外駐在であるとか、親のどちらかが外国人であるなどの理由がない限りは、日本語の基盤づくりに専念しましょう。

ことばの力をつける目的は「いい学校」に入ることではない

この本を手にとってくださるような、幼児期からの子どものことばについて関心がある熱心なみなさんの中には、いずれわが子には「いい学校」に入ってもらいたいと願っている人もいらっしゃることでしょう。

多くの親が願うことですし、それ自体はとてもよいことだと思います。しかし「いい学校に入れるため、ことばの力をつけよう」という考えだけは捨ててください。

子どもにこうあってほしいという願いが強く、親が到達させたいゴールから今やるべきことを割り出そうとする傾向は、教育熱心なご家庭ほどよく見られます。「将来は安定した仕事につかせたい。そのためには一流大学を卒業させせないといけないから、そのためにはこの高校、中学、小学校へ入れたい…」という願いをかなえるために、今から計画的にやらなければと考えるのです。

子どもは素直ですから、親の期待に応えようと一生懸命頑張るでしょう。ところがそのため子どもがつぶれてしまい、親子関係までこじれることもあります。子どもは「親の期待に応えられない自分は見捨てられる」「親がいないと生きていけない」と思い、必死に頑張ります。しかし親の期待に耐えられず、家では従順な子どもを演じていながら、幼稚園や学校で問題行動を起こす子どもは少なくありません。こうあってほしいと願う親の思いが、子どもの可能性を狭めてしまうこともあるということを覚えておいてください。

一流と言われている大学を卒業しても、人間として生きる力が身についていなければ意味がありません。わが子の幸せを願ってのことかもしれませんが、よく考えてみると、それは子どもの目線から将来を見ているのではなく、世間から評価されたいという親自身の幸せのためのようにも思えます。

ことばを「引き入れる」力を育てるために

親子関係のベースがしっかりしていると、ものごとに向き合い考える力が自然と備わります。この考える力こそ、「ことばを自分の中に引き入れる力」です。

幼児期の子どもでも、あなどってはいけません。お母さんの顔色を見たり、様子をうかがったりするのも、自分なりに考えている証拠です。幼児期では考える時間をいかに確保しているかが重要です。何でも親が先回りし、指示ばかりしているようでは、自分で考える時間がなく、いざ小学生になって急に「自分で考えなさい」と言われても、どうしていいかわからないでしょう。

学校の授業は、ただ聞いているだけでは身につきません。教わったことを理解し、自分なりに考えてノートに書くことでようやく定着します。考える力が身についていなければ、自分のことばで表すことができないので、勉強で苦労することが次第に増えてきます。習ったことを、子どもなりに言いかえたり、かみ砕いたりする力は勉強には欠かせません。

もちろん、ことばの力をつける目的が学習だけにあるのではないことは、繰り返しお伝えしてきたとおりです。自分の考えをしっかりとことばに表す力を持つことは、いわばより長期的な人生の戦略であり、厳しい社会で生きていくために欠かせない力だということを、忘れないでほしいと思います。

第　二　章

子どものことばを
育てられる親
育てられない親

親のかかわり方を見なおそう

最近の風潮で気になっているのは、家庭で教育しなければならないことも、アウトソーシング、つまり外注に頼っている人が増えているということです。極端な例かもしれませんが、体育の授業で走るのが遅いからと、子どもを運動教室や運動指導のための家庭教師に託す人もいます。

確かに、最近の親は忙しく、週末に子どもと公園に行く時間もないのかもしれません。それでも親が何とか時間をやりくりして練習につき合う方が、子どもにとってどれほどうれしいことでしょう。

幼稚園のころから週の半分以上に習い事が入っている子はたくさんいます。ピアノ、水泳、お絵かき…毎日とても忙しそうです。確かにプロに任せておけば安心ですし、親も何をどう教えたらいいのかわからないのかもしれません。しかし、これではいよいよ家庭の教育力は低下の一途をたどるばかりです。自分の子どものことなのですから、できることは家庭で教えるのが基本ではありませんか。

もちろん、習い事を否定しているのではありません。要はしっかりとフォローできるかどうかです。たとえばピアノのレッスンなら、家庭での練習をきちんとやらせることが大切です。したがって、親がどれぐらい見てあげられるかは、習い始める前に確認しておきたいですね。間違っても親のメンツで、あれもこれも習わせてはいけません。習い事の数を増やすより、一つのことをじっくり楽しみ、深める方が、子どもの可能性を伸ばせるのですから。

私自身、運動はあまり得意ではないですが、なわとびやボール投げなど、週末や朝の時間を使って娘につき合いました。娘は、私からのアドバイスを、何度も口に出したり、心の中でとなえたりしながら練習し、それなりの成果をあげました。親が愛情を持ち、子どもと向き合っていれば、それだけで子どもにはかけがえのない時間になります。そしてそのかかわりが子どものことばを豊かに育てます。子どものことばの質を左右するのは、親のアイデア力や家庭力によるところが大きいのではないでしょうか。

ことばの力をつける会話術

生きたことばの力をつけていくためには、毎日、親子の会話を心がけることです。

私の場合、娘がどんなことを感じているのかをくみとり、それに対して「きれいだね」「気持ちがいいね」というように、ことばにして表すことを心がけていました。子どもの話をしっかり聞きながら、できるだけこちらからも話しかけるようにします。地道な積み重ねが、少しずつ娘のことばを増やしていったのではないかと思います。

子どもは何かを感じただけでは、それを適切なことばにすることはできません。大人が子どもの気持ちを推し量り、ことばとして表してあげることも必要です。たとえば花を見たときに、大人が「きれいだね」と言ってあげることで、子どもは花を見て感じた気持ちを「きれい」ということばで表すことを知るのです。

また、時間の流れや、何かを比較することを意識させると、自分の経験やものごとの変化を整理してとらえられるようになります。朝・昼・晩や、昨日・今日など、そのときにあったことを、子どもに思い出させるような働きかけをしてみてください。「昨日はまだつぼみだったけど、今朝は花が咲いていたよ」など、具体的にことばにするとわかりやすいでしょう。

植物の緑や、雲の白さなども、よく見ると色の濃さに違いがあります。「雲の色はどうなっているかな？」「上が白くて下は灰色だね」「おひさまが当たっている方は白いんだね。雲の底の方はおひさまが当たっていないから、少し暗い色なんだね」などと、比較し、その原因を考えてみましょう。こんなことも子どもの感受性をみがくきっかけになります。

子どもの発することばの中には、必ず輝きを放つ表現があるものです。それを見つけたときはぜひ、「今、いいこと言ったね！」「その一言、おもしろい！」と多少大仰にでもほめてください。子どもは何をほめられたのか最初は見当がつきませんが、どこをほめられたかわかると誇らしく思うものです。そして次回以降ほめられた表現や言い回しを、もう一度使ってみようとするでしょう。何ともいとおしいではありませんか。

このように、毎日の生活の中でいろいろなことばを教えてもらい、ていねいな対応をしてもらった子どもは、そこから自分なりに感じ、考え、それを自分のことばにしていきます。親は子どもとの言語感覚の違いを意識し、子どもが親のことばを理解したかどうかを確認しながら、ゆったりとコミュニケーションをとるようにすると、考える力、ことばの力を少しずつ育てていけると思います。

もちろん、簡単なことではありませんから、失敗することもあるでしょう。それはそれでいいのです。悩んだ末に、とにかくいろいろやってみて、「やりすぎたな」と思ったらそのたびに直していけば大丈夫。親子の距離を近づけたり、離してみたりしてやっているうちに、きっとちょうどいい距離がわかってくるはずです。

習い事にもメリハリを

できることなら、幼稚園のころはゆったりのびのびした生活がいいと思います。平日は習い事がたくさんあるなら、せめて週末は「オフ」の時間にしてみてはいかがですか。土日はお父さんと遊ぶとか、祖父母の家に遊びに行くなど、家族がふれ合う時間にあててもいいですね。平日も週末もずっと「オン」では、子どもはいつも何かをやらされている状態です。いつも受け身で、自分で考える力は育ちません。

また、習い事をしていると、そこで親が、友だちとの比較をしてしまうこともあります。「うちの子はまだこれだけしか泳げないなんて」「あの子はもう、こんな曲を弾いているのね」など、どうしてもよその子が気になり、自分の子どもにいら立ったり、少しでも追いつかせようと無理をさせたりするかもしれません。わが子のいいところには目がいかず、できないことばかりを数えては嘆いているお母さんもいます。

それでなくても、最近の習い事産業は、今やらないと大変ですよと言わんばかりの宣伝をしています。日本人の特性として、みんなと同じがいいと考えがちですが、その渦に巻きこまれると、親はもちろん子どもまで「成績がよくないのはダメ」「何でも先どりでやらないといい学校へ行けない」というイメージが植えつけられてしまうでしょう。

また、何でも人と同じようにやろうとすることで、子どもの個性までつぶしてしまうこともあります。常に「オン」の状態が続くと、疲れてしまい、身体的・精神的な症状が出てしまうことも考えられます。その子にとって、本当に合っている習い事かどうかよく考え、体験の機会などを活用し、厳選してから始めることをおすすめします。

そしておけいこを始めたら、できないから習わせるのだ、という原点を思い出し、「よく頑張っているね」「そんなにできるようになるなんてすごいね」などと、ほめてください。

習い事を始めるのは簡単　でもやめるのは・・

さまざまな誘惑の中、次々と習い事に手を出してしまうのはよくあることでしょう。合わなければやめればいいと気楽に考えている印象もぬぐえません。少なくとも、次から次へと習い事を替えるようなことだけは避けてほしいことです。反対に、ミスマッチなのに長く続けさせて、子どもに負荷をかけることのないようにもしなければなりません。このような問題が生じるのは、親が自分たちの教育方針と子どもの気持ちをすり合わせていないからです。

音楽の才能を伸ばしたいとき、おけいこの先生と子どもの相性はもちろん大事ですよね。先生の技量や子どものレベルとのバランスも考えましょう。信頼のおける先生であれば、子どもが「やめたい」と駄々をこねても、親の方でそれを鎮めることが可能になります。ろくに日々の練習もせず「やめたい」と言う子には、先生と協力して練習をうながすこともできるでしょう。

しかし、本当に相性が合わないこともあります。先生も人間ですから好みや傾向があり、教えやすい子と教えにくい子がいるのです。厳しいことを言うようですが、先生の中には子どもの力を伸ばしきれない方もいらっしゃいます。いったんはよかれと思って始めても、子どもにかかる負荷が大きいと感じたら、思い切って手を引く勇気も必要です。

どちらにせよ、子どものためにならないやめ方や続け方にならないよう、先生方の考え方、子どもとの接し方を十分に確認し、見極めてから始めるよう心がけてください。

子どものことばを育てられない親　責任回避タイプ

子どもの教育を習い事など「外注」に頼ることが増えたことも一因ですが、家庭教育力の低下は、親の考え方、子どもへの接し方にも原因がある場合があります。少し厳しいようですが、あえてそのような親をいくつかのタイプに分けてみました。

一つ目は責任回避タイプです。最近、「私は何の能力もない」「私にはできない」と言い切ってしまうお母さんが少しずつ増えている印象を受けます。

以前、あるお母さんが「私は料理ができないの。でも◯◯ちゃん（娘の名前）は何でも上手につくるのよね」と、娘さんの前で言っていました。実際に料理があまり好きではないのでしょうが「私はできないけれど子どもはできる」というような言い方をして、わが子や周囲の人たちに「私はできなくてもいいでしょ」ということを、強引に認めさせているのだと感じてしまいました。その人の発言の端々から、親としての責任を回避したがっている様子が伝わってくるのです。

このような責任回避タイプの人たちは、基本的に面倒くさがりで何事に対しても関心を持てないのかもしれません。子どものことをかわいいとは思っているのですが、子どもを進むべき方向へ向かわせようという意識が薄く、いつも自分が楽な方向へ流されがちです。

また、責任回避タイプの人に多く見られるのが、精神年齢が子どもと近く、ほぼ対等な感覚で接しているケースです。いわゆる「友だち親子」は、はた目からは楽しそうに見えますね。しかし厳しいことを言うようですが、そんな感覚で子どもと接している人は、子どもの心とことばを十分に育てられないと思うのです。

子どもは、親など大人とのかかわりの中でいろいろな経験をし、少しずつことばを自分のものとして獲得していきます。それには接する大人としての姿勢が問われますし、ときにはしかけや導きも必要です。

ところがこのタイプの人は、子どもにそういう経験を積ませることが面倒だし、子どもといっしょに乗り越えようとか、向き合おうという意識も薄いのです。一方的に言いたいことを言うだけですから、互いを理解し合うような豊かな対話は期待できません。

これでは、子どもの心は十分に育たないでしょう。子ども自身も母親と表面上仲良くすることで、つらいことや努力を要することから距離を置こうとします。楽しいことだけが大好きな、責任回避型の人間になってしまいますし、もちろん精神的な自立などできないままです。

子どものことばを育てられない親　完璧主義タイプ

毎日の子育てでイライラするとき、多くの場合その理由は「子どもが思い通りにならない」ことではないでしょうか。これはほとんどの親が経験していることではないかと思います。

ここで特に問題なのは、お母さんやお父さんが何でも自分の思い通りにならないと気がすまない完璧主義タイプの場合です。

たとえば、子どもが砂場で水遊びをして泥んこになっているとします。確かに洗濯は大変ですし、寒い時期は風邪をひいてしまうかもしれないという心配はありますね。帰ってきたときに玄関が汚れてしまうのもいやです。

やんちゃ盛りの子どもにとっては、服や靴がドロドロになってしまう経験こそ、かけがえのないものです。しかし完璧主義タイプの親は、子どもの気持ちよりも自分の都合がどうしても優先されてしまい、「そんなに汚すなんてダメでしょ」「どうしてそんなことをするの?」としかってしまうのです。常に思い通りになっていないと気がすまず、あらゆることを自分の価値に当てはめて考えているので、泥遊びなど言語道断といったところでしょうか。しかしこれでは、子どもの「やりたい」「楽しい」気持ちは台無しです。いつも怒られてばかり、否定されてばかりです。

ずいぶん前のことですが、私がかかわったある生徒のエピソードを紹介しましょう。その生徒は学力が高く話す力もありましたが、どうしても文章がうまく書けません。不思議に思っていましたが、ふとしたきっかけでその生徒は親子関係に問題があることがわかってきました。

学校生活も進学についても、彼はこうあるべきという親の価値観に振り回され、親の期待に応えることばかり考えていました。親の価値観にはまっていて、その他の考えに目を向ける余力などありません。ですから他人の心情を読みとったり、自分の考えを客観的にまとめたり、ものごとをゆっくり考えることもできなかったのでしょう。文章を書くためには「考える力」が必要です。優秀な生徒でしたが、家庭環境が彼の考える力を抑えこんでしまったのではないかと感じました。

その後、学校でのやりとりを通して、お母さんは自分の子どもへの接し方を振り返るようになっていきました。お父さんも忙しい中、親子の緊張関係を改善しようと努力しました。子育ては自分の思い通りにならないのだという現実を受け入れ、できるだけ子どもと向き合い対応することを実践したのです。すると、もともと素直だったその子は、中学校、高校での人間関係を軸として、少しずつ考える力を身につけ、それを自分のことばで記述する力を伸ばすことができました。

多くの親はつい自分の価値観をわが子に押しつけがちです。幼児期のうちから親の都合や考えを一方的に押しつけることのないよう、子どもとの接し方を工夫してほしいと思います。

子どものことばを育てられない親　現状不満タイプ

教育熱心なお母さんたちに多いのが、子どもの将来に夢を描いている「子どもの将来はこうならなければならない」と結論を出してしまっている現状不満タイプです。
「息子は何としても東大に入れたい。そのためには一流中学、高校に入れなければならず、そのためには小学校もお受験をして…」というような考え方です。子どもは幼いころから塾に通わされ、徹底的に勉強させられることになるわけです。しかし、子どもは思い通りにならないもの。なかなか成績が上がらないので、「こんなはずじゃなかった」といつも現状に不満を感じ続けています。親がイメージしている将来と現状との落差にいら立つのでしょう。

また、このようなお母さんは効率を重視する傾向もあります。最近は、習い事も「コスパがいいところ」の人気が高いのだそうですね。コスパとはコスト・パフォーマンスのこと。この場合、同じ月謝を払うなら、成長や頑張りがよく見え、自分が手をかけないですむところに預けた方がお得だという意味です。

ですから、「あのスイミングスクールは、短期集中で百メートル泳げるようになるそうよ」など、お手軽に成果が見える習い事は人気です。その時間は丸投げして（親はラクをして）、効果はしっかり得たいという考えが垣間見えます。

つまり勉強にしても、習い事にしても、とにかく結果にこだわりプロセスには関心がないのです。当然、子どもに寄り添いあれこれ対話することもなおざりになります。しかし、何事も結果だけではその全容を理解することはできません。だれもが結果を出すまでには、いくつもの失敗をしたりくじけそうになったりしますね。それでも負けずに頑張ろうと決意をするなど、さまざまなドラマがあるから、達成感が得られるのです。

人は失敗を繰り返す中で、いろいろな感情が芽生え、それをことばで表現するという経験を重ねていきます。もし子どもがことばを正しく使えなかったら「その言い間違い、おもしろいね」と楽しんだり、早くやらなくてはと焦っていたら「そんなに急ぐことはないよ。ゆっくりやった方がよいものができるよ」などと声をかけてください。結果はもちろん大切ですが、そのプロセスを楽しむことができる親であってこそ、子どものことばを豊かに育てることができるのではないでしょうか。

子どもといっしょに経験し、一瞬一瞬を充実させようと努力できる親の粘り強さが、子どもに安心を与え、ことばの通い合いやすい状況をつくりあげていくのです。

親も子も持てない自己肯定感

これらの「子どものことばを育てられない親」の姿には、だれもがどこかしら当てはまるのではないかと思います。三つのタイプすべてに当てはまってしまう人もいるかもしれません。でもだれもがそうですから落ちこまないでくださいね。

このような傾向が見られる背景には、お母さんたちの多くが、自己肯定感を持てていない現状があると思います。それは、お母さんたちの子どものすべてをコントロールしたいという思いからも見てとれます。あらゆる局面で子どもに干渉するのは、もちろんわが子のためを思い、心配しているからに違いありません。ただしそこには「自分はできなかったから、せめて子どもには」という心理も働いているのです。

「自分に自信がないし自分の人生を生きられていないから、何としても子どもだけはモノにしなければ…」お母さん自身が自己肯定感を持てていないため、せめて子どもは…と期待してしまう図式です。

しかし、親の期待が大きすぎると、いずれどこかで子どもはプレッシャーでつぶされます。お母さんに嫌われたくないから塾に通い、成績を上げようと努力します。ところが頑張っても目標にはなかなか届かないとなれば、子どもは自己肯定感など持てませんね。

あらためて思い出してほしいのは、子どもは親の所有物ではないということです。私自身は「子どもはリスペクトすべき他者である」と考えています。子どもを尊重し、対話を通して子どもの発することばに耳を傾けてほしいと思います。

もちろん、幼児期の子どもに何でも確認し、言うことを聞けばいいというわけではありません。よく二〜三歳の子どもに「どうする？」と本人の判断を求めているお母さんの姿を見かけます。しかしこれは、子どもの主体性を尊重した行為とは言えません。母親自身に主体性がなく決めることができないから、子どもに聞いているだけのこと。これもまた、お母さん自身の自己肯定感のなさの表れではないでしょうか。

今さら持てない？　親の自己肯定感

自己肯定感とは、自分の存在を認め大切にする気持ちです。では、お母さんたちが自己肯定感を持ちにくいのはなぜなのか、少し考えてみました。

今や、女性が働くのは当たり前の時代になりました。しかし妊娠、出産、育児ということになると、たとえ夫が協力的であっても、やはり女性の負担は一気に増えます。それなのに社会からは、家事育児と仕事を両立することが当然のように求められます。そうま

くはいかないし、落ちこむことだってあるでしょう。そんな疲れ切った状況では自己肯定感を持てという方が無理な話なのかもしれません。

専業主婦の方もまた、自己肯定感を持てない人は少なくありません。家事育児はやって当たり前と思われがちで、出口のない毎日におしつぶされそうになります。自分に誇れるものなど何もない…そう思っている人が多いのです。今のお母さんたちは偏差値教育の中で育っていますから、一部の「成績優秀」な人を除いて、大半はコンプレックスを感じているのでしょう。

でも、よく考えてみてください。母親になる日まで学業や仕事に頑張ってきた日々。やりたいと思ったことに精いっぱい挑戦してきたこともあるのではありませんか？　もっと小さなことでもいいのです。何よりも、今、現実に子どもを育てているのですから、それだけでもじゅうぶんすばらしいことだと思います。

とはいえ、急に自分で自分をほめるのは難しいかもしれません。子どもとの対話に集中しようとしても、つい目先のことにイライラしてしまう日もあるでしょう。そんなときの対処法を一つ、ご紹介したいと思います。

何だかうまくいかない、イライラする…そんなときは、毎日のルーティンワークに目を向け、早めに片づけるようにしてください。たとえば、入浴はよい気分転換になります。

子どもといっしょですとスキンシップになりますし、子どもも楽しく安らかな気持ちになります。こちらの精神衛生にもいいですね。そうしてやらねばならないことを早めに片づけることにより、親の精神状態はよくなり、子どもの安心感も高まるという一石二鳥を狙えます。

多くの場合、イライラは夜にやってくるものです。だからこそ、ルーティンワークを早めに片づけて子どもを寝かしつけることに成功すれば、あとは大人の時間、自分の時間が待っています。それはくつろぎの時間であったり、仕事に集中する時間であったり、そして可能なら愚痴を垂れ流す時間でもかまいません。いずれにしても、日課を終わらせた後の自由を満喫できるといいですね。そして就寝前には「今日も一日私は頑張った」と自分をほめてあげましょう。

お母さんたちが自分に自信を持てないのは、失敗を恐れているという側面もあります。しかし、よかれと思ってやったことが、やってみて初めて失敗だったとわかることもあります。間違ったと感じたら、さっさと引きさがればいいのです。一つ勉強になったと、前向きに考えればいいのです。

『教室はまちがうところだ』（蒔田晋治・作・長谷川知子・絵　子どもの未来社）という小学校低学年向けの絵本があります。

これは間違いを介してこそ理解が深まることや、さまざまな考え方や発言の中に身を置くことで、推論のプロセスや自分の考えを確認し、自ら考える力を身につけることができる、という考えを述べたものです。これはそのまま「子育ては間違うものだ」と言いかえられると思います。よかれと思ったことが間違っていた、短所だと思っていたことが、実はその子の長所であったりするのです。間違ってもしかたがないと、ありのままの子どもと自分を潔く受け入れて、あとは信じる姿勢を貫きましょう。

第　三　章

ことばの力をつける家庭の習慣
～絵本の読み聞かせ

父に読んでもらった『フランダースの犬』

私が小学生のころ、父はよく本の読み聞かせをしてくれました。二・三年になると、かなり分厚い本も少しずつ読んでくれたものです。中でも印象的だったのが『フランダースの犬』でした。私はそのストーリーにひきこまれ心から感動したものです。

みなさんが知っているとおり、ストーリーは誤解と悲劇の連鎖。最後には主人公のネロとパトラッシュの命まで奪われるというせつなさに涙を流したのを覚えています。また、物語の中で登場するルーベンスの絵には、ものすごくあこがれた記憶があります。

私にとってこの作品は、ルーベンスの絵を見たいという思いを持ち続ける原動力になりました。パリのルーブル美術館で初めて見たときには、ネロが月光を浴びて一瞬浮かび上がった絵を見つめる最後の場面と重なり、崇高な思いさえ感じました。

何と言っても父が読む物語の世界に身を置く心地よさ。あのころの思い出は、今でも私の宝物です。物語を味わう楽しさを教えてもらったように思います。

もう一つ私が楽しみにしていたのが、父がその場の思いつきでつくる物語です。予想外な展開にワクワクし、私が好きな虫を登場させて物語をつくってくれたりすることがうれしかったのを覚えています。

子どもとともに読む『あしながおじさん』

子ども時代にこのような経験をしてきたからでしょうか、娘にも本を好きになってもらいたいという思いから、小学生になった今でもせっせと絵本や児童書の読み聞かせをしています。いえ、父親として娘にどうかかわるか考えたときに、絵本を読んであげるのが手っとり早いと思ったというのが正直なところでもあります。

そんなふうに始めた読み聞かせですが、ときには私の方が本の世界に入りこんでしまうほど楽しんでいます。ストーリーのせつなさに、読みながらつい涙がこぼれてしまうこともあるくらいです。

最近も『あしながおじさん』を読んでいて胸がつまりました。入院したジェルーシャの元に、今まで返事を決してくれなかった「あしながおじさん」からの見舞いの花とカードが届きます。彼女が感謝とうれしさをしたためた手紙を読んでいて、つい泣きそうになりました。

『あしながおじさん』は主人公のジェルーシャから、学資を出してくれている「あしながおじさん」へ書かれた手紙で構成された物語です。数多くの手紙が紹介され、その文面の多彩さに驚かされます。

書き出しの呼びかけや、最後の自分の署名が何通りもあり、彼女の気分によって書き分けられています。娘とは、こんなにいろいろな手紙の書き方があるんだねと、ずいぶん盛り上がりました。物語とは別に、このような形で手紙の魅力を感じてもらうのも一つの手ではないでしょうか。

子どもに読ませたいと思ってはじめた読み聞かせですが、私が楽しく読んでいるから続いているし、子どもも聞いてくれているのだろうと思っています。

幼児期の子どもと絵本の読み聞かせ

幼児期の子どもは、絵本を読んでもらうことで何をどんなふうに感じているのでしょう。それは大人の感じかたとは少し違います。大人はどっぷりと本の世界にひたっても、本の世界と現実の世界を混同することはありません。

ところが幼児期の子どもは、この二つの世界をはっきり分けることがまだできません。絵本の世界と現実の世界を区別することなく読んでいて、ストーリーや登場人物の気持ちに共感、同調するという感覚です。

実は、この共感したり同調したりする経験が、ことばを育てるためのベースづくりにとても大切なことなのです。読み聞かせをするときには、子どもを絵本の世界で、自由に遊ばせてあげてください。こう読まなければいけない、こう感じなければおかしいということはありません。お母さんやお父さんは子どもの反応を見ながら、「きれいだね」「大きいね」などと、軽くフォローするくらいでいいでしょう。絵本の絵や色づかいの美しさ、鮮やかさなどにふれてもいいですね。

基本は、絵本を読んで感じる楽しさを味わうこと。幼児期の読み聞かせは、それだけで十分なのです。

義務感から読む絵本はつまらない

みなさんは絵本の読み聞かせを楽しんでいますか？

「ちょっと面倒くさい」「毎日読み聞かせるのは苦痛」「同じ本ばかり読まされるのがいや」など、いろいろな声が聞こえてきそうです。こうした本音も、できる限り読み聞かせをしようと心がけているからこそ出てくることばです。

もちろん「本好きな子に育てたいから、毎日読み聞かせをしています」と、使命感に燃えているお母さんもいます。ほんとうにお子さんのために頑張っているなあと思います。

しかし、もし毎日の読み聞かせがお母さんにとって負担になってきたと感じたら、少しお休みしてはいかがでしょう。リフレッシュしてまた読んであげたいと思ったら始めればいいのですから。子どもから「読んで！」とリクエストされたときだけ読んでもいいのです。そうやって読んだり読まなかったりする時期を経て、やがて子どもが絵本の楽しさを感じられるようになったころ、自分で読み出すときが訪れるのかもしれません。

また、読んであげているのに反応が今一つで…と心配する声もよく聞かれますが、あせらなくても大丈夫です。たとえ今はまだ関心がなさそうでも、いつか必ずその子なりに成長し、絵本の内容を受けとめられるようになる時期がくるはずですから、無理強いはせずゆったりと見守りましょう。

多くの子どもにとって、お母さんやお父さんに絵本を読んでもらう時間は「うるわしい至福のひととき」だと思います。なぜなら、いっしょに絵本を読むことでお母さんやお父さんのぬくもりと愛情をしっかりと感じることができるから。ぜひあきらめず、楽しくゆるやかに続けてください。幸せな体験とともに読んだ絵本は、子どもの心に楽しく幸福な記憶として残っていくことでしょう。

現実の生活では、いつも楽しいことばかりではありませんね。子どもだって、ちょっとイライラしたり、悲しい気持ちになることもあるでしょう。そんなときに、絵本を手にとれる子どもは幸せです。ページをめくって美しい絵や選び抜かれたことばにふれることができれば、かたまっていた気持ちがほぐれるきっかけになるかもしれません。あるいは、その日のいやだったことも、絵本を読むことですうっと消えさっていくことでしょう。絵本とは身近にあって、その世界で遊んだり心を休めたりすることができるもの。子どものうちに、自然と読みたくなるようなきっかけをつくり、読書の習慣をつけることが大切だと思います。

絵本は楽しいものと子どもに伝える

最近は、赤ちゃんが生まれた家庭に絵本をプレゼントする「ブックスタート」という事業が、それぞれの地域の行政によって行われているようです。

私も、娘が生まれてちょうど六ヶ月ごろに絵本をいただきました。それは『がたんごとん　がたんごとん』（安西水丸・作・絵　福音館書店）という絵本です。汽車ががたんごとんとすすんでいきます。するとコップやスプーン、りんごやバナナなどが汽車に乗り…という、シンプルですが子どもにとってはとても魅力的なお話です。

この絵本にはとても助けられました。たとえばテーブルで食事をするときに「ごはんはどこからきたのかな？」「がたんごとん、あれ、お野菜がやってきたよ」などと話しかけたものです。食事中でもさりげなく、そして楽しく絵本の世界とリンクさせることを意識していました。子どももうれしそうで、楽しい時間をすごすことができました。

読み聞かせのときも、「がたんごとん」という音だけでなく、汽車の走る音、止まる音などを細かく再現するなど、さまざまなバリエーションもつけて楽しんだものです。私自身がおもしろがっていたから、娘もこの本を好きになってくれたのでしょう。

ただ「がたんごとん」と繰り返し読むよりは、少しずつ変化をつけたり、絵本に書かれていない音も口に出してみたり。ゆっくり、はっきりを心がけ、語感やリズム、ことばのつながりを意識しながら読み聞かせました。こういう読み方が正解ということはありませんが、自分なりに工夫して楽しく読めば、子どももひきこまれ、絵本の世界を味わうことができるはずです。

絵本が嫌いになる理由

絵本が子どもの成長発達にいいと聞けば、親であればだれもが絵本の読み聞かせにチャレンジすると思います。でも、子どもの成長や興味には個人差がありますから、どちらかというと絵本より体を動かしている方が好き、というお子さんもいて当然です。ただし、中には読み聞かせのやり方が悪くて、絵本を嫌いにさせてしまうこともあるので気をつけましょう。特に次の二つは確実に絵本嫌いにさせてしまいます。

① 毎日10冊読むというように冊数を決め、絵本を読むことを親が自分に義務づけてしまう。

② 子どもが「これ読んで」と絵本を持ってきても、忙しいからと断ったままで忘れる。

この二つは、意外とやっている人が多いのではありませんか？ 特に②は、忙しいとつい「あとでね」と断ってしまいますよね。私も心当たりがあるので、いつも反省しているところです。もちろん、本当に手が離せなくて読めないこともあります。毎回読んであげなくてもいいのですが、三回に一回ぐらいは仕事の手を休めて読んであげられるといいですね。

子どもは大人が思っているよりがまんしていますし、親のことを気にかけています。一ページでも二ページでも、親が自分のために時間をとってくれるのは、とても気が休まるものなのです。聞き分けのよい子ほど、自分に応えてもらえないことを悲しく思っているものです。そんな子どものがまん強さに親が甘えすぎないで、ほんの数ページでもいいので読んであげてください。

全く読んでもらえないとなると、子どもに、絵本はお母さんやお父さんと楽しい時間が持てないもの、というイメージが刷りこまれてしまうでしょう。絵本を通してつながる親子の関係も薄れ、絵本そのものが嫌いになってしまう可能性もあります。

義務的すぎても、機械的になってもいけません。子どもが絵本の美しい絵やことばに接する機会を奪わないよう、少しだけ頑張って時間をやりくりしてみてください。

同じ絵本を繰り返し読む意味

絵本のすばらしいところは、選び抜かれた美しいことばが使われていることです。平易なことばで書かれているので簡単そうに見えますが、編集や制作の過程では膨大な手間がかけられています。ストーリーの展開、ページの構成から絵のタッチなど、何度も描きなおしながらつくられているのです。文字数も少ないので、ことばの一つ一つが選び抜かれていて、エッセンスがギュッとつめこまれていると言ってもいいでしょう。だから、何度読んでも味わい深く、楽しめる作品が多いのです。

幼児期の子どもの特徴として、毎日同じ本を読みたがる傾向もあります。いくらていねいにつくられた絵本とはいえ、朝に晩に毎日何回もとなると、さすがに親も飽きてしまいますよね。なぜ他の本を読もうとしないのか、心配になってしまうほどです。でも、子どもは満足するまでその本を読みたいものなのです。繰り返し読んでもらって満足すると、あるときするっと卒業しますから、根気よくつき合ってほしいと思います。

それに、同じ本を繰り返し読むのは、実はことばの世界を広げるチャンスでもあります。

私の場合は、むしろ意識的に同じ本ばかり読み聞かせていたことさえあります。『ねないこだれだ』（せなけいこ・作・絵　福音館書店）は娘のお気に入りで、何度も読んであげました。

この作品の中に「こんなじかんに　おきてるのはだれだ」というフレーズがあります。毎日の生活の中でふと誰かが「こんな時間に…」と言うと、「おきてるのはだれだ」と子どもが呼応できるようになります。こうなると本当におもしろくなります。たとえば娘が「こんな時間に」と言ってきたときに、「おやつを食べている子はだれだ〜」と反応したり、反対に「こんな時間にねている子はだれだ〜」などバリエーションをつけて応じたりすると、もう楽しくておかしくてたまりません。

こうして生活の中でことばを使う楽しみを味わうことこそ、ことばの力をつけるために必要なこと。同じ本を読む場合でも、声色を変えたり強調したりして、ことばのリズムや楽しさを埋めこむような意識で読み聞かせるといいでしょう。教育的なことを目的にするのではなく、ただひたすら楽しませながら子どもの心にことばを「埋めこむ」ことが、結果的にことばの力となるのです。

よく「絵本はたくさん読んだ方がいいですか」という質問を受けます。もちろん、たくさん読めるのであれば読んでもいいかもしれません。

しかし、一冊の本を気に入って何回も読み返し愛着を持つ幸せも、子どもに味わわせてあげたいことの一つです。大切なことは生きたことばとして、子どもの中に定着するかどうかです。それはたくさん絵本を読んだからといって、単純にその分だけ子どもの身につくものではありません。それを受け入れたうえで、いろいろな本を読んでくださるならもちろんそれに越したことはありません。

絵本の選び方

世の中にいったいどれほどの絵本があるでしょう。今でも、毎月のように新刊絵本が出版され、いっぽうでロングセラーとなった絵本もたくさんありますから、絵本にくわしくない人は（ほとんどの人がくわしくないと思いますが）、どんな絵本を選んだらいいのかさっぱりわからないのではないでしょうか。そんなときは、まずはお母さんやお父さんが子どものころに読んでいた作品から選ぶところからはじめましょう。

絵本については最新刊がすぐれた絵本とは限りません。むしろ子どもというものは三十年前も百年前も、そのベースは変わらないのですから、長く愛されてきた絵本こそ「いい絵本」であることが多いのです。一般の書籍と比べても、『いたずらきかんしゃちゅうちゅう』（バートン・作　むらおかはなこ・訳　福音館書店）『ちいさなおうち』（バートン・作　石井桃子・訳　岩波書店）や『花さき山』（斎藤隆介・作　滝平二郎・絵　岩崎書店）『ももいろのきりん』（中川季枝子・作　中川宗弥・絵　福音館書店）など、絵本にはロングセラーの作品が多いのです。それは、時代を経ても子どもが喜ぶものは変わらないことの証しです。記念すべき一冊目は、お母さんやお父さんの思い出の一冊から選んでみてはいかがでしょうか。

読み聞かせに慣れてくると、だんだん子どもの好みがわかるようになってきます。「動物が出てくる絵本が好き」とか「乗り物が好き」などといったように。ぜひ子どもが好きな本を探して、読んであげてください。

もちろん、親が「この本はいい」と思って選んでも、子どもが喜ばないこともよくあることですし、逆に親が「えっ、こんな本を読むの？」と、できれば読んでほしくないと思える本を好んで読んでもらいたがることもあります。親としては内容が深く、力強く美しいことば遣いに触れてほしいのに、子どもは遊びの要素が強い本ばかりを選んでくるようなケースですね。そんなときも否定せず、ぜひ読んであげてください。

ときには少し背伸びした絵本も

せっかく読んであげても、今一つ反応が悪いこともあります。理由はいろいろですが、内容が子どもの年齢にマッチしていないことも多いようです。

内容が理解できていないらしい、子どもにとって難しいことばが出てくるなど、その子のレベルに合っていないようなら、無理せず時期がくるのを待つといいでしょう。

しかし、私は年齢とミスマッチの絵本であっても、あえて読んで聞かせることがあります。わからないことばがあるのは織りこみずみです。いつも読んでいる絵本とはことばのつながりが違っていますから、文章のあちこちにわからない部分があります。

そこで私が最も期待しているのは、読みながら「これ何？」「どういうこと？」という質問を子どもから引き出すことです。難しい本を背伸びして読み聞かせることで、自分にはまだまだ知らないことばがたくさんあると気づいてほしいからです。

絵を見ながら何となく「こういうことかな」と想像して聞いていることもあるでしょう。そうしたらしめたものでそのことばの意味を考え、知りたいというひたむきな気持ちが自然と育てられていくはずです。

ただし、あまりにも難しすぎると、知りたいという思いを持つ前に、わからないと投げ出してしまうので注意しましょう。たとえば年長さんぐらいだったら、ひらがな中心で小学一年生ぐらいの漢字にルビがふってある、挿絵もたくさんある本なら理解できるかもしれません。背伸びはしすぎず、でもたまには少し背伸びをすることが、子どもの知りたい気持ちを刺激してくれます。

うちの娘が年長のころに読み聞かせた『大きい1年生と小さな2年生』（古田足日・作　中山正美・絵　偕成社）は、ちょっと難しいかなと思いながら読み聞かせた作品です。文字数は多いのですが漢字は少なく、挿絵もすばらしいのでおすすめです。小学校生活へのイメージが持てる内容でもありますし、ホタルブクロを求めて子どもたちが冒険をするところなどは、物語の世界に入りこんでドキドキしながら読めるでしょう。

年長さんになったら、絵本より少し長いお話も、少しずつ読み聞かせてあげてください。

『いやいやえん』（中川李枝子・作　大村百合子・絵　福音館書店）などは、幼稚園での毎日とどこかつながっているので、親しみ深く受けとめるでしょう。

本に囲まれた環境づくり　図書館へ行こう

わが家では、ほぼ毎日読み聞かせをしています。毎日ですから、いくら繰り返し読むとはいえ、どうしてもたくさんの絵本が必要になります。そこで活用しているのが地域にある図書館です。

子どもが自分で絵本を手にとり、選ぶことができるのが図書館の魅力です。児童書コーナーでは、自由に絵本を選び、読んで楽しむことができますよね。何より、たくさんの絵本に囲まれるというすばらしい環境がそこにはあります。まさに絵本の海に飛びこんだような感覚かもしれません。

それに、もし借りた本が気に入らなくても、ダメージが少ないのが図書館のありがたさ。いつもは読まないような本、ちょっと背伸びした本でも気楽に借りることができるのもうれしいですね。

もし、どんな本を選んでいいのかわからなかったら、第七章のブックリストを参考にしていただいてもいいですし、司書さんに尋ねれば、お子さんに合った本をすすめてくれる

はずです。もちろん子どもが読みたいと言った本は、迷わずどんどん借りましょう。出費を気にせず、たくさんの絵本を読むことができる図書館は子育て家庭の強い味方です。

絵本選びのコツ　書店ではどうする？

児童書コーナーが充実している書店が増えています。最近では、かわいらしい椅子をおいて、自由に絵本を読むスペースを設けているお店もありますね。よその子がどんな本を読み、楽しんでいるかがわかり、子どもに絵本への興味を持たせるきっかけになりますから、ぜひ活用していただきたいと思います。

しかし、ここで問題なのが親が与えたい本と子どもが読みたい本にギャップがあることです。お母さんが「これにしようよ」とすすめても「いや、こっちがいい！」なんて言っているお子さん、よく見かけますよね。

お母さんはつい、しつけによさそうとか、数を覚えてほしいという思いから、教育的な本を選んでしまうのですが、子どもは押すと音が出る絵本や、キャラクター本ばかりをほしがったりします。こんなときはどうしたらいいと思いますか？

本は子ども目線で選んだものを買うのが基本です。もし子どもが音の出る絵本がいいと言ったとしたら、お母さんはそこに並んでいるものから「これならまあいいだろう」と思えるものを二つぐらい選んで「どっちにする？」と投げかけてみてください。もちろん、それでもお母さんの思い通りにはならないこともよくありますが、日ごろからそういうやりとりをしていれば、子どもも少しずつ「これなら買ってもらえそうだな」という感触を持てるようになるのではないでしょうか。

もし、子どもがいやがるのに、無理やりお母さんが与えたいと思っている本を買ったとしたらどうなるでしょう。子どもは自分の好きな絵本を読ませてもらえなかったという思いから、絵本には見向きもしなくなるかもしれません。繰り返しになりますが、幼児期の今、最優先のミッションは本を嫌いにさせないこと。それだけは忘れないでください。

さて、そうして子どもの絵本が少しずつ増えてきたら、小さくてもいいので、子ども専用の本棚をつくりましょう。立派な本棚を購入する必要はありません。カラーボックス一つで十分です。リビングのかたすみに小さい子ども用の本棚があれば、きっとそのコーナーはお子さんの「巣」になるでしょう。ふとしたときに絵本を手にとり、ゆったりと読むことができる、落ち着ける場所をつくってあげてください。

最近は、家に本棚そのものがない家庭もあるそうですが、それでは本好きな子どもに育てるのは難しいです。身近に本があるのが当たり前という環境づくりからスタートしましょう。

本を好きになってもらうために、親ができる子どもへのアプローチ

子どもにはそれぞれ個性がありますから、型通りのすすめ方では興味を持たないこともあります。そこで、ここでは子どものタイプ別に、子どもとの接し方をご紹介します。

【親の言うことを聞く子・聞かない子】

親の言うことを素直に聞いてくれる子には、「頑張り屋さん」の傾向が見られます。お母さんやお父さんの望みを裏切らないよう、期待に応えようとして頑張るのです。たとえそれがいやなことでも、がまんしてやってしまうことさえあります。

そんな子に対しては、親が読ませたい本をどんどん押しつけてしまう心配があります。ですから、ときには子ども自身に読みたい本を選ばせる機会を設けましょう。あらためて「この子はこんな本に興味があるのか」と気づかされます。あまり与えたくないような本であることもありますが、子どもの希望を受け入れてあげましょう。

親の言うことを聞かない子は、常に反発するので、何もかもが一筋縄ではいきません。

こういう子は、主張することで成長しているとも言えます。言うことを聞かないのですから、親が「この本を読むといいよ」とすすめても、まず読まないでしょう。でも、自分が読みたいものをさっさと選んで読んでいることもありますし、親が話していることには、こっそりと聞き耳を立てていることもあります。

このような場合、リビングに本を置いてみたり、何気なく子どもの気をひくような会話をすると、興味を持つことがあります。また、「○○ちゃんも読んでいたよ」「これ、はやっているみたいだね」などと、遠回しに話してみるのもいいですね。

言うことを聞かない子には、ついあれこれ言ってしまいがちですが、実は必要以上に親子関係が密着していたりするものです。子どもに親のことばが響かなくなり、人との関係性も軽視するようになることがあります。ですから、ときには親が言いたいことをこらえるのも必要です。あえて助言せず、見守ることで、子どもが親のことばに耳を貸すようになるかもしれません。

【無口な子・おしゃべりな子】

あまりおしゃべりしない、どちらかと言うと無口な子どもには、積極的に絵本の読み聞かせをしてください。肩の力を抜いて淡々と、ゆっくりしたペースで読んであげるといいでしょう。ときには子どもの気持ちをくみとりながら「楽しいね」「きれいだね」など、少しだけ感情移入したことばを添えるのも効果的です。

ただし、多弁になりすぎないよう注意してください。無口な子はそうでない子と比べると、どこか時間の流れ方が違うようです。ことばには出さなくても、自分の中で感じ、考える、内省的な傾向が強いのです。だからこそ焦って情報をつめこむのではなく、その子のペースで本を楽しむ時間を確保してあげましょう。

おしゃべりな子は、ことばの発達が早いと思われがちですが、実は話の組み立てが苦手だったりします。後先を考えずに話し始めたり、気をひくために意味のない発言で割りこんだりすることもあるでしょう。そういう子には話し方や組み立てにメリハリを利かせることを学ばせたいものです。それには、ストーリーがしっかりと組み立てられている昔話などがおすすめです。日ごろから親しんでいると、昔話は起承転結が明確なので、話し方のコツをつかめるでしょう。せっかく話すのが好きなのですから、ぜひ人をひきつけるような、説得力のある話し方を身につけさせたいですね。

【外遊びが好きな子・うち遊びが好きな子】

外遊びが好きな子は、どちらかと言うと飽きっぽいので、ストーリーが複雑なものよりは、シンプルな絵本を選んであげるといいでしょう。たとえばミッフィーシリーズなど、良質ですぐに読めるものがおすすめです。内容が単純で短いもので冊数をかせぐと、子どもは「たくさん読んだ」という、満足感が得られるはずです。一冊読むたびにシールをはるなど、目で見える工夫も効果的です。

できれば自分で読んでもらいたいと思うかもしれませんが、外遊び派には、お母さんが読んであげた方がいいでしょう。そうして数をこなすうちに、自然と字を覚え、絵本の楽しさを感じられるようになると思います。

うち遊びが好きな子には、自然について書かれた絵本を選ぶといいでしょう。あまり外で遊ばないからこそ、自然の美しさ、不思議さに目を向けさせたいからです。植物や動物、里山の風景、昆虫などを、精密な絵で描いた絵本はたくさん出版されています。まず窓の外や庭などに注目するきっかけをつくり、公園や幼稚園・保育園の花壇などへ注意を導きましょう。その流れで動物園などに連れていってもいいでしょう。

無理に外へひっぱり出さなくてもいいのですが、絵本を通して外の世界、人間以外の生物の世界を教え、少しずつ視野を広げてあげてください。

【物語に関心のある子・図鑑に関心を持つ子】

物語が好きな子は、本が好きで一人でも読み始めることが多いものです。それだけで「うちの子は読解力がある」と期待するのは、少し気が早いかもしれません。物語が好きで読んでいても、実はその内容を十分に理解していないこともあります。読めるとなると、親はつい「より難しい本」を与えたくなりますね。しかし、親の期待が大きすぎて、身の丈に合わない本ばかり与えられていると、本が嫌いになってしまうかもしれません。

物語に関心のある子どもには、少し易しい本を与えたり、本人が読みたい本を自由に選ばせてあげることです。次第に飽きたらなくなり、「もっと難しい本が読みたいな」と、読書への意欲を見せたらしめたものですね。もともと、本を読むことに抵抗がないだけ恵まれているのですから、その子のペースを大切にしてください。

対照的なのが、図鑑系の本に関心を持つ子どもです。物語の筋書きを追うよりも、ものの名前やしくみの解説などに関心が高いのは、比較的男の子の方に多いかもしれません。テーマは、昆虫、車、船、飛行機、電車などでしょうか。

お母さんとしては「車の本ばかり見ている」「虫に夢中で他のことに関心が持てない」と心配になるかもしれません。しかし私は、子どもが図鑑に興味があるなら、それを与えてどんどん興味を伸ばしてあげればいいと思います。

できれば、図鑑の世界だけではなく、足を運んで実物を見せてあげてください。飛行機好きなら空港、虫が好きなら昆虫館など、探せばいろいろあるはずです。ただの飛行機好きから、やがて飛行機のメカニズムに関心を持ち、物理や工学的な分野にも関心を寄せるかもしれません。かと思えば、この前まで昆虫が好きだったのに、今は恐竜に興味が移っているといったこともあるでしょう。

幼児期の今は、その道のプロに育てることが目的ではありません。シンプルに、その子なりの得意なものを作ってあげることに徹しましょう。それが子どもの自信につながるのですから。

中島家流『小学館　ことばのえじてん』マスター術

娘が幼稚園のころに愛用していたのが『小学館　ことばのえじてん』（篠崎晃一・監小学館）です。この辞典では、一つのことばについて、その意味、用例が書かれ、わかりやすいイラストが描かれています。私が気に入ったポイントは、すべてひらがなで書かれているところ。そして適切なイラストがそのことばの意味を子どもの心に深く印象づけてくれるところです。

たとえば「あ」の項目に「あおむし」ということばがあります（81ページ参照）。すぐとなりに用例として「キャベツを　たべる　あおむし。」とあり、キャベツの周りを飛ぶ蝶、そして葉の上を歩く青虫が一つのイラストに表現されています。意味は「ちょうちょうの　こどもで、みどりいろの　ほそながい　いきもの」と、幼い子どもでもわかりやすい表現で説明されています。

また、用例とイラストの表現が子ども目線で配慮が行き届き、しかもそれぞれのことばを見事に表せている、そのセンスはすばらしいの一言に尽きます。たとえば「(雨が)あがる」「じらす」など、子どもがあまり使わないようなことばも、わかりやすいイラストが添えられていて、子どもなりにその意味がインプットされるようです。

わが家では『小学館　ことばのえじてん』で、ことばの意味からそのことばを当てるゲームを楽しんでいます。たとえば「ほねだらけで　にんげんのかたちをしているもの」と、私から問題を出し、子どもが「がいこつ！」と答えるというわけです。しりとりのことば探しにも使えますので、きっと重宝すると思いますよ。

あおむし
キャベツ《きゃべつ》を たべる あおむし。
ちょうちょうの こどもで、みどりいろの ほそながい いきもの。

あか
しんごうの あかは とまれの しるし。
りんごや トマト《とまと》のような いろ。
→いろ

あか
からだを こすって あかを とる。
はだに ついた、あせや あぶらの まじった よごれ。

あかい
あかい クレヨン《くれよん》で ぬる。
りんごや トマト《とまと》のような いろを して いる ようす。

あかちゃん
あかちゃんを だっこ する。
うまれたばかりの こども。

あかり
へやの あかりを つける。
くらい ところが よく みえるように あかるく する もの。

あがる
エスカレーター《えすかれーたー》で あがる。
したから うえへ いく。
↔おりる

あがる
ねつが あがる。
いままでよりも おおく なったり たかく なったり する。
↔さがる

『小学館　ことばのえじてん』より

第四章

入学前にできること
ことばの力を育てる暮らし

季節の行事を大切にする

子どものことばを育てるために家庭で意識的にとり組んでいただきたいのは、季節ごとの行事を大切にすることです。日本は季節の風物がとても豊かで、そこから生まれた行事の中には日本の文化を背景にした、いろいろなものごとやことばがあります。

たとえばお正月にはお節料理、初詣で、お雑煮、門松などがありますね。そしてその後には七草がゆ、鏡開きと続きます。ところが、最近は核家族化していて、そういう行事が消えかけていると言ってもいいでしょう。

わが家もまた、そんな日本古来の行事はあまりできていませんでした。手が回らなかったこともありますが、私たち自身に知識が足りなかったのです。そこで力になってくれたのが祖父母たちでした。年間を通して、季節の行事を一つずつ経験させてくれたのです。七草がゆの草の名前（せり、なずな、ごぎょう、はこべら、ほとけのざ、すずな、すずしろ）は、すべて私の父が娘に教えてくれました。

お彼岸にはおはぎをつくり、中秋の名月のときにはおだんごをつくってススキを飾ってお月見を楽しむ。日本独特の文化を祖父母の世代の助けも借りて経験していると、ことばが増えるだけでなくその子の世界もぐんと広がるのです。

たとえば読んでいる本の中に、年末年始の様子が書かれていたとします。大みそかの少し忙しそうな街の様子、夜の冷たい空気の中で響く除夜の鐘、厳かな元日の朝…。読みながら、自分が経験した年末年始の風景がイメージとして浮かび、広がっていくことでしょう。自分がそんな文化の中に生きていることを実感できるのではないでしょうか。それはまた、本の中の世界と自分の今いる世界とが重なるような不思議な体験であり、同時に本の世界のリアリティーも増しますね。

季節の行事を楽しみにするようになると、子どもは自然とカレンダーにも関心を持ち始めるでしょう。幼い子どもにとっては、カレンダーの意味を理解するのは少し難しいことかもしれません。でも、自分が楽しみにしている行事が予定として書きこまれていたら、カレンダーにも自然と関心が持てるようになります。日にちを数えることは、算数の力にもつながります。また、日にちは「ついたち」「ふつか」など独特な読み方をしますが、それも親子のやりとりの中で自然に覚えていくことでしょう。

わが家でも、わりと早い時期から、カレンダーは子どもが見やすいよう壁の下の方に貼っていました。親が書きこんだ予定を見たり、何かいいことがあったらスタンプを押したりして楽しんでいたようです。生活習慣を整えることにも役立ちます。ぜひ、子ども用のカレンダーを用意してあげてください。

日本独特の文化を知る

カレンダーに興味を持つようになると、日にちの読み方に関心を持ち始め、日本独特の数え方があることにも気づくかもしれません。以前、娘からこんな質問を受けました。

「八という数字は、なぜ『ハチ』とか『やっつ』とか『ようか（八日）』って読むの？」

わが子ながら非常に鋭い質問でドキッとしましたし、正確に答えようとするととても難しいので困りました。

日にちは人の暮らしと深く関係していて、特に毎月十日ごろまでの間には大切な行事が多かったことから、特別な読み方をするようになったと考えられています。区切りのいい日にちは二十日（はつか）、三十日（みそか）という読み方をするのも同じような理由があります。このことを子どもに理解できるよう、四苦八苦しながら説明しました。冷や汗ものではありましたが、日本独特の文化を伝えるいい機会になったと思っています。

このような日本の文化は、どんどん教えてあげてほしいと思います。自分が住んでいる地域の文化に触れることは、実は子どもの生きる力を養うことでもあります。最近は、日本の昔ながらの文化にあまり興味を持たない人が多いように感じます。海外で現地の人たちに日本の文化について尋ねられても、おそらくほとんど答えることができないのではないでしょうか。

とはいえ、私たちは初詣でを楽しんだり、大安や仏滅などにこだわったり、お盆のころに帰省したりもしますよね。クリスマスやバレンタインデーなど、西洋のイベントもさかんです。東西さまざまな歳事の意味や由来などを学ぶことによって、子どもたちの伸びやかな好奇心や感受性のこやしになるとよいと思います。

今後、ますますグローバル化し、子どもたちが国際社会に出ていく機会も増えるでしょう。世界で活躍するのであればなおのこと、日本人であることに誇りを持つためにも、日本の歴史や文化に関心を持たせるよう、導いていきたいものですね。

「本物」を見せてあげよう

生活の中で、ことばを育てる身近なヒントはまだまだあります。

子どもにはできるだけ本物を見せることを心がけましょう。今は、パソコンがあれば何でも検索できますから、どんなに珍しい動物でも、すぐにその画像を見ることができます。しかしそれは、あくまでもパソコンの画面に映っているものにすぎません。動物のことを子どもに教えてあげたいと思ったら、できれば動物園へ足を運んでほしいのです。

動物園へ行けば、動物たちの大きさ、毛並みや色、声や息づかい、動きやにおいなどを感じとることができます。それは図鑑やインターネットで見たものとは、あきらかに違います。その動物に対して、たくさんのことを知る機会にもなります。

水族館もおすすめです。水辺の生き物に触れる経験ができたり、間近でイルカやアザラシのショーが楽しめたり、大きな水槽の中で泳ぐ魚たちの姿に目を奪われたりするでしょう。

最近の動物園や水族館は、それぞれの生き物の特性を生かして見せる工夫もしているので、親子で楽しめる時間になると思います。できれば事前に下調べをして、それぞれの施設が行っている餌づけの時刻などを狙ってお出かけください。飼育している方々からのていねいな説明や実演を楽しめるので、特別なひとときになると思います。

博物館めぐりも楽しいものです。特に海外の文化を紹介しているような博物館では、日常生活では経験できない世界を感じることができます。

たとえば、エジプト展などは子どもにも人気がありますよね。精巧につくられた金細工や不思議な格好をした土偶などが展示されています。「金ピカできれいだねえ」「とても細かいところまで模様が刻んであるね」「おなかやお尻がふくらんでいて、おもしろい顔をしているね」など感想を言い合えば、古めかしい昔のものが醸し出す独特の雰囲気とともにに、子どもたちに神秘的な印象を残すことができるでしょう。

まだ幼い子どもですから、細かいことなどは理解できなくてもいいのです。子どもは目、耳、肌など全身を使って感じて理解します。本物を間近で見ることで、きっと何かを感じていますから、見ておくことが大切なのです。

みなさんは「本物」と言うと、どうしても何かすごいものを見せなければと、思ってしまうかもしれません。もちろん、遠くまで出かけて本物を見せるのはすてきなことです。でもあえて遠くまで行かなくても、身近なもの、日常の中にじゅうぶん学びがあります。たとえば、いつも歩く道の端に生えている雑草や花の名前を、頑張って調べたりするのもいいですね。四季の移り変わりとともに、街中の飾りつけやショーウインドーのディスプレーなども、鮮やかに彩りを変えていきます。散歩のついでにそういったものに目を向けられれば、日々の暮らしがずいぶんと豊かになるはずです。

国内旅行のすすめ

子どもが幼稚園ぐらいになると、家族で海外旅行に出かけるご家庭も増えるでしょう。とても楽しい時間ですね。しかし、中には「ハワイにはよく行くけれど、いつもショッピングとホテルだけ」という話も耳にすることがあります。雄大な自然があっていろいろな経験ができるはずなのに、買い物とホテルだけとはもったいないなあと思います。

せっかくお金と時間をかけて、めったに行けない海外に行くのですから、ぜひその国の自然や文化にもふれてみてはいかがでしょう。ハワイだったら、ハナウマ湾、行けたらキラウエア火山観光などには、ぜひ足を運んでください。その迫力、すばらしさは幼い子どもの心にもしっかりと残るのではないでしょうか。

ただ、海外旅行は地域によっては時差もありますし、そもそも移動に時間がかかります。幼い子どもには負担になる場合も多いでしょう。私は、まだ子どもが小さい時期は、国内旅行をおすすめします。

日本の国土は東西に長く伸びています。太平洋と日本海では同じ海でも水の色が違います。地域によって気候も違いますし、食文化もさまざまです。風景もバラエティーに富んでいます。ご自身が住む地域に近いところにも、美しい景色、伝統と格式のあるお寺や神社などはあるでしょう。遠出しなくても、子どもをそういうところへ連れていくだけでも十分です。そして、あえて親が「これを見せよう」と意識しなくても、リアルな風景に触れるだけで子どもはいろいろなことを感じるもの。さまざまな経験を通して、ことばを含めた豊かな世界を自分の中につくっていけるようになるでしょう。

自然や環境を考える経験をさせる

いろいろなことを経験させるときには、ぜひ自然や環境への関心を高めるような配慮もしたいものです。環境汚染や地球温暖化は、今まさに問題になっていて、私たちの生活にも少なからず影響を及ぼしていますから、子どもなりに関心を持てるはずです。

私自身も、子どもには自然や環境に対する関心を意識的に持たせるようにしています。以前、親子で子亀の放流を体験する機会を持つことができました。ある民間の団体（NPO）が主催しているイベントで、子亀を放流する前に、ちょっとしたお話を聞かせてくれました。ウミガメの暮らす環境が荒らされていること、開発が進んでしまい、ウミガメが産卵場所までたどり着けないこと、ウミガメが人間の捨てたビニール袋を食べてしまい、腸につまらせて死んでしまうことなどです。その後、子亀を放流しましたが、亀たちが一生懸命海を目指す姿を見る経験は貴重でした。

娘の心の中には、亀の暮らす環境の問題も印象深く残ったようでした。その後も、自宅近くの川にビニール袋が浮かんでいるのを見ては「亀さん、死んじゃうね」と心配そうに話していましたから。

小学校に上がる前の子どもでも、実際に経験したことや感じたことはよく覚えています。

この経験を通して、娘の心の中にも環境に対する意識が確実に育っているようです。

また、日食や月食といった天体ショーもぜひ楽しみたいものです。天気さえよければ遠くへ出かけなくても観察ができます。入学前に日食や月食を実際に見た経験があれば、小学校で天体の勉強をするときにも、すんなりと入っていくことができるでしょう。やがて小学校の中学年ぐらいにもなれば、少し夜更かしすることにはなりますが、流星群などもいっしょに楽しめますね。

子どもは経験がきっかけとなり、いろいろなものごとが心やことばにつながっていきます。しかしこれは、お母さんやお父さんがいっしょに経験して思いを共有してこそのもの。幼児期の今はできるだけ親子でいっしょに体験することが大切です。「日食はすごかったね」「まぶしいから目を守ることも大切だね」「月と太陽が重なるってどういうことなんだろう」など、その経験を通してたくさんのことばを交わしてください。子どもが感じたことを、ことばに表すためのお手伝いは親のつとめでもあります。

月と地球の関係については、まず月の満ち欠けに注目させ「満月」「半月」「三日月」などと、その形の変化をことばで示すのがおすすめです。そこから一歩進んで潮干狩りと結びつけていくのもよいでしょう。貝を掘り出すだけでもそれは楽しく、五感も刺激される経験ですが、潮の満ち引きについても関心を持たせてあげられるのではないでしょうか。

都会に住んでいても、身近なところに、まだまだたくさんの自然があります。日々のちょっとした経験が、自然について考え、環境の問題に関心を持つきっかけになります。ぜひ親子で身近な自然を探してみましょう。

「できる」経験　お手伝いの力

子どもには「できる」と実感する経験も大切です。

あるお子さんは週に一回ほどスイミングスクールに通っているそうです。当然のことながら、はじめのうちは泳げません。それが悔しくて、週末にはお父さんといっしょに近くのプールに通い、自主的に練習するようになったそうです。その練習の効果があって、進級試験に次々と合格するようになりました。頑張ったことが結果につながる喜びは大変なものだったと思います。

もちろん、こんな立派なエピソードでなくてもいいのです。小さいことでも達成感を感じさせてあげてください。

だれにでもできるのがお手伝いです。年長さんぐらいになれば、親も少し手を離し、一人で何かをする経験もさせたいところです。もちろん、安全を確保しなければなりませんから、十分な注意が必要ではありますが。

わが家の場合は、毎朝新聞をとりに行くのが娘の仕事です。マンションの一階にあるポストのところまでとりに行くだけのことですが、自分にもできることがあるという喜び、ちょっとお姉さんになったという自信は相当なものです。近所の方に「えらいね」と声をかけていただくのも、はげみになっているようです。

また、少しですが料理も手伝うことがあります。たとえばカレーライスなら、材料のにんじんやじゃがいもの皮をむいたり、切ったりします。母親に手を添えてもらって少しいためたりもしたようです。食べるときには「わたしとお母さんがつくったの！」と張り切って教えてくれますし、私が「おいしいね」と言うと、もううれしくてたまらないという様子で「またつくるね！」と言っていました。

三歳から六歳ごろまでの幼児期は、喜んでお手伝いをしてくれるプレミアムタイムと言ってもいいかもしれません。もう少し大きくなるといやがるようにもなりますので、今がチャンスです。

勉強ばかりに熱心でお手伝いもせず、何でも親にやってもらうばかりでは、どんどん受け身になり、生きる力、生活する力はつきません。そういう子は、いくら勉強ができても、自分では何もできないという劣等感がつきまといます。それに、勉強は常に自分が習う立

場ですから、やってほめられることはあっても、だれかに喜ばれるものではありませんからね。

だからこそちょっとしたお手伝いをして、人に喜んでもらえる経験は子どもにとって貴重なのです。役に立っているんだという思いがあれば、心の中にしっかりとした芯を持てるようになります。大切なことは、自分にもできると感じることです。お手伝いをしてくれたときは、たくさん喜んでほめてあげましょう。

失敗の経験が子どもを育てる

小学校入学前までの時期は、「できる」経験が大切ですが、同時に「失敗」する経験も大事にしていきたいものです。

たくさんの人生経験を積んできた大人は、子どもが何かをしているときに危ないと思ったら、失敗しないように先回りして助けてあげたくなりますね。それは親としてごく自然な気持ちですが、先回りがすぎるとせっかくの子どもが成長する機会まで奪うことにもなります。

最近はこの先回り派が増えていて、中には、水泳の検定に合格させるため、個人的にスイミングの家庭教師に特訓を依頼するケースもあるほどです。失敗をさせたらかわいそうという親心はわからなくもありませんが、しかしこれではなかなか失敗の経験ができません。専門家に特訓してもらえば進級できるでしょうが、自主的に練習したわけではありませんから、自分で努力し、勝ちとった経験とも言えません。

子どもは失敗から学び、成長していくものです。だから子どもの失敗はさせた方がいいのです。それはごくふつうの生活の中でできること。たとえば、食事中におしゃべりに夢中になってよそ見をしていると、コップにひじがぶつかって中身をこぼしてしまうかもしれません。親は「危ないよ」と、先にそのコップをどけたくなりますね。こぼされてしまっては掃除が大変ですから避けたいところです。でも、こぼしてしまったことで、子どもは自分の失敗に気づくわけです。こぼしたものをいっしょにぞうきんでふけば、子どもが「ごめんなさい」と言いやすくなるでしょう。失敗という経験の中には、子どもの育ちに大切な要素がぎっしりとつまっているのです。ときには失敗した子どもを見守るがまんも必要です。危険がないように配慮しつつ、お母さんやお父さんは、辛抱強くがまんしてほしいと思います。

もちろん、ときには失敗した子どもをしかることもあるでしょう。親の心情を思えば、これもまた自然なこと。ただし、厳しくしかりすぎて、子どもが次に行動を起こすのを恐れることのないよう気をつけてください。その経験がやがては状況を読みとり、自分で考えて行動する力へとつながっていくのですから。

とにかく友だちと遊ばせよう

成功や失敗の経験は子どもを成長させるものですが、もう一つ同じぐらい大切なことが友だちと遊ぶことです。それも「親の目を気にせず自由に」です。子どもたちはだれかがリーダーになったり、何をして遊ぶか決めたり、ルールづくりをしたりします。ときには、ちょっとケンカをしたり、仲直りをしたり。子ども同士の遊びの中にも、ことばを通した豊かなコミュニケーションがあるのです。

子ども同士で遊んでいると、けっこうハプニングも起こるものですね。それを子どもだけでどう解決するかが大事なのです。たとえば、遊びに夢中になっていて大切なものを壊してしまったとします。「どうしよう」「怒られるね」「あやまりに行こうよ」と子どもなりにそんな会話をすることでしょう。

この一生懸命考えて、友だちの言うことも聞いて…という経験は、「ことばの肌感覚」を養います。たとえば、何かのトラブルの後友だちが謝ってきたときに、やさしく「いいよ」と言うのと、ちょっと突き放したように「いいよ！」と言うのでは、そこにこめられた意味はまったく違いますね。大きくなってから、「いいよ」と書いてある文章を読んだときに、それがどんな「いいよ」なのかは、実際に経験していなければ状況の判断は難しく、正しく読み取ることができない可能性もあります。

子ども同士のハプニングは、大人が思いもかけないようなこともたくさんあっておもしろいものです。大人の知らないところで、とんでもないことをやらかしていることだってあります。

実は私も、小学生のころの忘れられない思い出があります。ある日何人かの友だちが、私の家に遊びに来ました。両親は共働きなので家には子どももしかいません。ふと「いちごを食べよう」と思いついた私は、親に無断で冷蔵庫からいちごをとり出し、友だちといっしょに食べたのですが…。きれいに器に盛りつけ、砂糖をかけてつぶして食べたところ、何と砂糖ではなくて塩だった！

ものすごい味で、みんなの顔がゆがみます。あわててもう一度水で洗い、砂糖をかけたのですが、いったんいちごに染みこんでしまった塩味はとれません。いちごは食べられなくなってしまいましたが、何だかおかしくて、みんなでもう大笑いしてしまいました。

やっていることが、次々と裏目に出るという大失敗でしたが、この感覚は経験をしているからこそわかるというもの。それに、少なくともそれ以降、砂糖と塩は必ず確かめて使うようになりましたから、その後の人生では役に立っていると言ってもいいと思います。

脱「過保護な子育て」で聞く力アップ

このように、失敗の経験は子どもの成長に欠かせません。ところが最近のお母さんやお父さんたちの中には、やっと授かった大切なわが子だから、絶対に後悔のないように育てたいという強い思いを持ち、過保護、過干渉になっている場合があります。

親が手をかけすぎている子どもは、自分は何をしなくてもやってもらえる生活に慣れ、自分が何をするべきか考えなくなってしまいます。何か大事なことを伝えても、誰かにやってもらえると思い、きちんと聞こうとしません。

聞いていないようなのでもう一度言ってみるけれど、また聞いていない…。親はだんだんヒステリックな言い方になってくるでしょう。子どもは何度も同じことを言われているうちに、そんなきつい言い方にさえ鈍感になってしまいます。

ガミガミとしかり続けることは、子どもの「聞こうとする気持ち」を減らすことになり悪循環です。それよりも普段から過保護、過干渉にならないように気をつけましょう。

人の話が聞けない子は、日常生活でも学習でも苦労します。入学後は授業が耳に入らず、勉強についていけなくなったり、忘れ物が多くなったりして問題ですね。失敗の経験が少ないので、ちょっとうまくいかないだけですぐイライラし、かんしゃくを起こすなど、学校生活に支障が出てしまうこともあります。

最近は、子どもの宿題から持ち物をそろえることまですべて親がやってあげている、相当に過保護な家庭もあるそうです。高学年になっても、その習慣が続いている家もあるようで驚きます。子どもに失敗をさせたくない気持ちはわかりますが、子どもは人の話を聞き逃して失敗するという経験をしてこそ、聞く力がつくということを忘れずに。

聞く力をつけるかかわり方

聞く力については、私の教え子たち…十代の生徒たちでも同じことが言えます。以前、私は大切なことは生徒たちに何度も伝えるようにしていました。「これだけはやってきて」「これを忘れないように」と、一日に何回も伝えていました。ところがそれでも忘れてくる子が必ずいるのです。こちらも「何度も言ったのに、どうして忘れてくるの!?」とつい怒っていました。するといっそう聞く耳を閉じてしまい、悪循環に陥ってしまったのです。どうせ大事なことは何度も言ってくれるから、今は聞かなくていいと思っているうちに聞き逃してしまったのでしょう。

そこで、あるときから大切なことであっても、何回も言わないようにしようと決めました。「一回しか言わないからよく聞いてね」と前置きしてから「これを忘れないように」と伝えます。それでも忘れてくる子はいますが、一回しか言わなくても忘れる子が増えるというわけでもありません。むしろ何回も言われているときよりも、聞き逃してしまったことへのがっかり感は強かったようです。この方法は成功。「次は絶対に聞き逃さないようにしよう」という思いを持たせることにつながっていきました。

これは中学生の例ですが、幼い子どもでも同じことです。子どもは毎日少しずつ成長しています。昨日できなかったことも、今日はできるようになっていたりします。ですから、できそうなことから子どもにさせて、生活の中で少しずつ自分で責任をとるように促してみてはいかがでしょう？　まずは身の回りのことは自分で、というあたりからはじめてみるといいかもしれません。

最近は一人っ子の家庭も多いので、子どもに過干渉になりがちな家庭は多いかもしれませんね。実はわが家もそうなのです。妻は専業主婦で、子どもと過ごす時間も長いので、手のかけ方、かかわり方は少し意識しているようです。たとえば子どもをしかるときは、くどくど言わないよう一分で切り上げると決めているのだそうです。短く伝えてさっと切り替えた方がわかりやすいですしね。また、家事をしているときは「今忙しいから待っていてね」と、あえて子どもが一人で過ごす時間をとるようにもしてきました。

子どもは自分で遊んだり絵本を読んだりして、自由になる時間を楽しんでいたようです。遊んだ後は、自分で責任を持って片づけられるよう見守り、なるべく親が手を出しすぎないよう心がけたとのことでした。親がやったほうが早いからつい…という事情も理解できますが、過干渉にならないようなかかわり方を意識してみてください。

読み聞かせと聞く力

お母さんが絵本を読んでくれているとき、子どもはじっとお母さんのことばに耳を傾けています。ここには、聞く力をつけるための大切なポイントがかくされています。

それは何より親が自分のためにいっしょにいるという、安心感と喜びです。すべての子育てはここが出発点でしょう。守られ、自分を受け入れてくれる場所があることで心からの安心を得るのです。そして親から離れようとする独立心が育ち、外界への関心が深まり、いろいろなことにチャレンジする勇気が生まれます。親や先生からの指示を、正確に聞き取ろうという姿勢まで、自然にできあがります。

小学校入学前の子どもたちに「小学校で何をするのが楽しみかな?」と質問してみてください。ほとんどの子が「勉強」と答え、「遊び」と答える子はわずかです。入学前の子どもは「学びたい」という気持ちにあふれ、学校の勉強にとても大きな期待をしています。ところが、実際に勉強が始まると「学びたい」という気持ちが一気に減り始めます。いったいなぜなのでしょう。

それはおそらく、子どもの聞く力が十分に育っていないからだと考えます。学びたいと思ってはいても、授業を聞く力が足りなければ勉強はわからなくなりますから、勉強そのものが嫌いになってしまうのでしょう。

幼いころから絵本の世界を体験している子は、いろいろなものが自分の中に入ってくることに慣れていますし、積極的にその世界を知りたい、感じたいという思いを持っています。それは学校での勉強にも通じること。知りたいという思いから、何かを教えてもらえるというワクワクした気持ち、学ぶ意欲を持ち続けることができるのです。

中にはあまり絵本が好きではない、体を動かす方が好きという子どももいます。そういう子どもには、意識的に親子の対話を増やしてください。まるでボール投げをしているかのような、ことばのキャッチボールをイメージするといいでしょう。自分が投げかけたことばは、相手がちゃんと返してくれる…相手が次に何を言うかという期待を持つ感覚を体で覚えさせてあげるだけでも、聞く力を育てることになると思います。

第　五　章

入学前にできること
ことばの力を育てる遊び

子どものことばは、ふだんの生活の中で養われるものです。市販のドリルや通信講座を取り入れる人もたくさんいますが、そのような学習は小学校に入ってからでも十分です。それよりも、遊びを通して親子のふれ合いを大切にしたいものですね。

小学校に入学したときに、文字が書けなくても問題はありません。他の子が書けたとしても、必ず追いつきますから心配は無用です。それよりもずっと大切なことは、「ことばの力」「聞く力」「表現できる力」をつけることです。

さあ、ここからは、子どもはもちろん親も楽しめるような、ことば育ての遊びやアイデアをご紹介していきましょう。

しりとり、あたまとり

個人差はありますが、三〜四歳ぐらいからは少しずつ「しりとり」を楽しめるようになってきます。やり方はご存じのとおり、ことばの最後の文字をとって、次のことばを言うゲーム。最後に「ん」がついてしまったら負けという単純な遊びです。小学校入学前でもルールさえ理解できれば楽しむことができるはずです。人数も場所も問いませんから、ことば遊びの中では最もポピュラーですね。

しりとりでは子どもが自分の知識を総動員してことばを探すことで、ことばへの興味や関心が高まるという効果が期待できます。なかなか思いつかなくて困っているときには、ヒントを出してあげてもいいですね。

「ほら『い』がつく赤くて粒々のあるくだものは何だっけ？」

「い、いちご」

といった感じでしょうか。最初のうちは、ことばを言えたときに思い切りほめてあげると、ますます頑張るようになると思いますよ。

そのときは思いつかなかったり、知らなかったりしても、お母さんやお父さんが言うことばから少しずつ覚えていくこともあります。気づいたら子どもの方が上手だった、なんていう日もすぐにやってくるでしょう。

このように、しりとりは幼児期のことば遊びとしては最適なのですが、何回もやっていると同じことばが連続しやすくなります。「いちご」「ゴリラ」「ラッパ」「パイナップル」「ルビー」あたりはまさにしりとりに登場することばの王道でしょう。ことばのつながりがパターン化されてくると、どうしても飽きてしまいますね。

そこで、しりとりに慣れてきたなあと思ったら、次は「あたまとり」に挑戦してみてください。

「あたまとり」とは、そのことばの最初の文字を、最後の文字に当てはめたことばを探す遊びです。たとえば「しか」の最初のことばは「し」ですね。そこで次の人は最後に「し」がつくことばを探します。「しか」→「こし」と続けることができますね。さらに「きなこ」→「えき」→「いえ」→「さい」…と続けていくのです。

しりとりとは発想が違いますから、そうスラスラとは出てきません。頭の中はすっかりしりとりのルールで整理されているので、しばらくは親子ともども苦戦します。いや、むしろ頭がかたくなった大人にはかなりキツイ遊びだと思います。

このような遊びを毎日の習慣にするとなれば、ほとんどの親は悲鳴をあげることでしょう。そんなつらい遊びは続くはずもありません。ちょっとしたお出かけの際などに取り組むことができればそれで十分です。たとえば電車の移動中、ドライブをしていて渋滞してしまったとき、病院の待合室など（こちらは小声で）。すきまの時間を使って、親子でしりとりやあたまとりを楽しんでみていただけるとよいと思います。

テーマを決めてことばを探す遊びいろいろ

ことば遊びにもう少しバリエーションをつけたいときは、テーマを決めてことばの言い合いっこをするのも楽しいものです。わが家でも人気のことば遊びをいくつかご紹介しましょう。

【動物や植物などものの名前を言い合う】

たとえばテーマが「動物」なら、交互に思いついた動物の名前を片っ端から言っていきます。「ぞう」「きりん」「ライオン」「くま」「うさぎ」「チンパンジー」…。さながら仮想動物園のような気分です。

これの遊びはテーマをいろいろに替えられるので、子どもを飽きさせません。「花の名前」とか「虫」「洋服」「台所にあるもの」「リビングにあるもの」というように、いろいろなテーマを設定して遊びましょう。

電車での移動中なら、車内にあるものを言っていくのも楽しいですよ。「いす」「こうこく」「つりかわ」…といった具合に。応用がききますので、テーマ探しから楽しめると思います。

【国旗選手権】

これは私と娘の二人でつくった遊びです。まずは、国旗と国の名前の一覧表や、あれば世界地図がいっしょについているようなポスターなどを用意してください。

さあ、このポスターを見ながら遊びます。わが家の場合、娘が直感でベスト3を決めます。特に何のルールもなく、その日の気分で決めるという、ただそれだけの遊びです。その日の気分や、ニュースなどで聞いた国の名前、色がきれいかなど実に適当な基準で選んでいますから、一位は毎回違う国になります。

オリンピックの年などは、世界各国の名前や国旗を目にする機会が多いので、この遊びはかなり盛り上がるでしょう。この遊びでベスト3を選ぶという発想も、オリンピックの中継を見て、順位には「金、銀、銅」というメダルがあることを娘が知ったからだと思われます。ロンドンオリンピックのときには、この「国旗選手権」で毎日のように日本が一位を獲得していました。そして、娘が日本選手を応援する気持ちにもつながった遊びになりました。

この遊びのメリットは、国旗を覚えるだけではなく、世界の国の名前に関心を持つようになることです。また、ほとんどの国名はカタカナで表記されているので、自然とカタカナに親しむことができますね。ここで紹介したルールは私と娘でつくったものですが、それぞれのご家庭でやりやすいようにアレンジして楽しんでほしいと思います。

【スイーツの名前を言い合う】

先にご紹介した動物や植物などものの名前を言い合う遊びとほぼ同じなのですが、この遊びは、空想の食べ物も登場するので別の楽しみもあります。

たとえば、はじめは「いちごババロア」「モンブラン」「チョコレートパフェ」などとスタンダードな名前を言っていますが、そのうちネタが切れてくると、苦しまぎれに「大根ババロア」「ほうれんそうモンブラン」「れんこんアイスクリーム」など、なかなかお目にかかれない組み合わせもどんどん出てきます。

ユニークなスイーツが出てくるたびに、親子でおなかを抱えて笑い転げています。あまりにも楽しいので、またおかしな組み合わせのことばを言ってやろうと、必死で考えたりするわけです。バカバカしい遊びですが、おもしろそうな組み合わせかどうかを考えるだけでも、想像力を刺激します。これもぜひお試しください。

このようなことば遊びをおすすめするのは、理由があります。それは、身の回りにあるもの、すべてのものには「名前がある」ということを、遊びを通して教えることができるからです。

少し話が飛びますが、見ることも聞くことも、そして話すこともできなかったヘレン・ケラーがまだ幼かったころ、家庭教師のサリバン先生が、ものには名前があることを伝えようと努力を重ねた、という有名なエピソードがあります。ヘレンはそのことに気づいてから、自分の身の回りにはいろいろな世界が広がっていることを知るようになります。ことばの力を養うということは、その子の世界を飛躍的に広げること。そのベースとなるのが「ものの名前」なのです。

たとえば、ハイキングに行くときには植物の名前をたくさん知っている人ほど、そのハイキングは充実した楽しい経験になると言います。鳥の声もそうですね。「ああ、かわいい鳥の声がするなあ」だけではなく「あれは○○という鳥の声だな」とわかるだけで、鳥の姿は見えなくてもその姿をイメージすることができます。見たもの、聞いたことをことばに表すことができるかどうかで、同じ経験でも感じる楽しさは格段に違います。

私は子どものころ電車が好きだったので、電車に乗るたびに、片っ端から駅名を覚えて遊んでいました。そこから線路がどうつながっているのか、どこの駅での乗り降りが多いか、またそれはなぜか、周囲にはどんなものがあるのか、といったことにも興味が広がっていったものでした。

ことばに興味がある人は、それを通していろいろな楽しみを見つけられる人です。たくさんのことばを知っていれば、いろいろなことが楽しめるし、学校で作文を書かされるときに困ることもおそらくないでしょう。

いつもの散歩もことばを育てるチャンス

子どもとの散歩も、ことばを意識すると、また違った楽しさがあります。毎日、規則的に散歩に出かけているご家庭もあるかもしれませんが、時間もとられますし、習い事やら、もしかしたらお受験の勉強もあるので、特別に散歩の時間はとっていないご家庭の方が多いかもしれません。しかしことばの力を養う幼児期こそ、意識的に散歩に出かけてほしいと思います。

外に出るといろいろなものが目に入りますね。毎日同じコースを歩いたとしても、たとえば目に映る空の色は晴れていたら抜けるような水色ですし、曇っていればどんよりとした灰色だったりします。夕方ならあかね色に輝く雲を見ることもできるし、一番星を見つけることもあるでしょう。

季節によって感じる風の冷たさや暖かさ、湿っぽさなども違います。川沿いを歩けば、川面の色も季節や空の色によってずいぶんと違いますし、太陽が出ていれば水面がキラキラと輝くときもあります。水辺にはいろいろな草も生えていますから、蝶やトンボなど虫も飛んでくるかもしれません。これは特別に自然が豊かな地域に行かなくても、都会で十分に探せる自然ですね。

そしてぜひ、見たことを意識的にことばにしてください。「きみどり色の草がきれいだね」「あれはアシだよ」「アゲハチョウが飛んできたね」と、状況を少しずつことばに表していきます。はじめのうちは、子どもはただそのことばを聞いているだけですが、何回か聞いているうちに、やがて自分から「アゲハチョウだ！」「空が青いね」と話し始めるはずです。

私も娘との散歩では、できるだけ自然のものに目を向けるようにしています。雲の形をものにたとえて「かいじゅうみたいな雲だね」とか、草花を見て「タンポポだよ」と教えてあげたり。私は植物の名前にくわしくありませんから、わからなければ「〇〇かなあ。あとで調べてみようね」と、その場をしのぐこともあります。

ともすると、散歩の機会にことばを学ばせよう、知識として定着させようという思いが先走ってしまい、シャワーのようにことばを浴びせてしまいがちです。しかし大切なことは「あれ、今日はこうだね」という発見をし、見つけた喜びを親子で共有することです。

もちろん、毎日散歩するのは大変かもしれません。まずは週末だけにするとか、お父さんのいる日にいっしょに散歩に行ってもらうとか、そういったことを習慣にしてみてはい

かがでしょう。一週間の生活もメリハリをつけることで、週末の散歩がより楽しめると思いますよ。

定期的に同じ場所へ出かけてみよう

散歩や週末のお出かけで、いろいろな経験をさせたいからといって、その都度違う場所へ連れて行くのでは、あっと言う間に行くところが無くなってしまいそうです。しかし、毎回行き先が変らなくてもいいのではないでしょうか。私は、同じ場所に定期的に通うこともまた意味があると考えています。

たとえば植物園などは、何回も訪ねるのに最もふさわしい場所の一つです。わが家でも、近所にある植物園へは、一～二か月に一回程度の割合で出かけています。

植物園では、季節によっていろいろな花が咲いたり、木々の色が変わったりします。「あれ、この間ここに白い花が咲いていたのに、今日は違う花が咲いているよ」と、それだけで話がはずみます。子どもにはその花の名前も教えてあげたいところですが、あまり欲張らずに、まずは季節によって咲く花が違うことに気づいてもらうことを大切にしています。

以前、植物園で「ハンカチの木」が咲いているところに遭遇したことがあります。四月に来たときにはまったくなかったのに、五月にはたくさんの白いハンカチのようなものがついていました。たった一ヶ月しか経過していないのに、木の装いが一変していることに驚いたものです。

そしてその花（実際はハンカチのような部分は花ではなく苞葉《ほうよう》というのだそうです）が、地面に落ちているのを見ながら「本物のハンカチみたいだね」と親子で楽しむことができました。ハンカチの木が目当ての来園者も多く集まっていて、みなで不思議な思いを共有することができたのもよい思い出です。ぜひ、また出かけようと思っています。

植物園のようなところは、たいてい広場なども併設されているので、子どもが思い切り走り回ることができるのもうれしいところです。レジャーシートを持っていけば、ピクニック気分も楽しめます。

定期的に出かける場所は植物園に限りません。自然がたくさんある場所なら、どこでもいいでしょう。近くを流れる川の河川敷、広々とした自然公園、自然環境に恵まれている地域にお住まいなら、海辺や里山などでもいいですね。ぜひ身近なところで、定期的に出かけても楽しめるような場所を探してください。

「前に来たときと、何か違うところがあるかなあ」などと問いかければ、子どもは張り切って新しい発見や違いを見つけ出し、自慢げに教えてくれることでしょう。それがどんな発見でも、ほめることを忘れないでくださいね。

たとえば「アリがいた！」と子どもが言ったとします。もしかしたら、前に来たときにもアリはいたかもしれません。それでもいいのです。「ほんとうだよく見つけたね。こんな細い茎を歩いて落ちないのかな」と、少し詳しく観察したことばを盛りこんで返してあげるとさらによいでしょう。大人が心得ておきたいのは、自然の変化を見つけ、子どもと共有しようとつとめることです。そしてぜひ楽しんでくださいね。

小さい子どもには美術館より画集を

第四章でも書いたとおり、子どもにはできるだけ本物に触れさせたいところですが、美術館だけは小学校に入学してからの方がいいかもしれません。なぜなら、美術館の展示は大人の目線で作品を設置していますし、特に話題の展覧会ともなると混雑も激しく、子どもが自分のペースで楽しむことはできないからです。

まだ小さい子どもですから、大きな声を出したり走りたくなったりもするでしょう。美術館でそのようなことをすれば、周囲のひんしゅくを買うことにもなり、親子ともども肩身の狭い思いをしなければなりません。美術館はつまらないところだ、という残念な印象だけを子どもに植えつけることにもなります。

子どもに絵画を見せるなら、美術館で見るよりも画集を開いてゆっくり見る方がよいと思います。美術館にかかっている絵を見ようとしても、人がいてよく見えないこともありますが、画集ならそんな邪魔は入りませんね。

もちろん、本物は大きさや筆づかいや質感まで細かく見て感じることができますが、画集でも色の美しさ、絵画の心は伝わります。まだ小さいのですから、きれいだなあと感じるだけでじゅうぶんだと思います。

もう一つ、画集の方が子どもに合っている理由があります。小さい子どもは、絵本でもページのすみずみまでよく見て楽しみますよね。この「すみずみまで見る」という子どもの特性を考えると、たっぷりと時間をかけて画集の絵を見て味わうことが適していると思います。

たとえば、日本画の中には自然のモチーフがたくさん使われています。隅のほうに鳥が飛んでいたり、植物園で見たことがある植物が描かれていたりすることもあるでしょう。美術館では慌ただしく通りすぎてしまうでしょうが、そういったものをじっくり見つけられることも、画集ならではの楽しみではないかと思います。

美術館によっては夏休みなどを使って子ども向けの企画を実施しているところもあります。クイズラリーがあったり、体験コーナーがあったり、子ども向けのワークショップを開催しているところもあります。そのような情報は逃さず、積極的に参加しましょう。また、大人向けの展覧会とはいえ、最近はとてもユニークな体験型のものもありますから、お母さんやお父さんが「子どもでも楽しめるかどうか」をしっかり確認してから、連れて行ってあげるといいと思います。

自然・五感・ことば

家の中で過ごしているだけでは、ことばの幅は広がりません。子どもが小さいうちからできるだけ自然に親しむ生活を心がけたいものです。

戸外に出るだけで寒い、暑い、涼しい、暖かい、風が心地いい、強い風が吹いて歩きにくいなど、温度や風を肌で感じることができます。また草木の多い公園などへ行けば、草や土の香りが感じられます。

川岸などで拾う石にも、いろいろなことばを引き出すきっかけがつまっています。子どもが気に入った石を見つけたら、「この石のどこが好き?」と聞いてみると楽しいですよ。

「真ん中に白い線が入っているところ」「黒くてピカピカしているから」「形がおもしろい」など、自分なりにその石のいいところを探して、一生懸命説明してくれると思います。人は自分が好きなものを説明するときには雄弁になるもので、それは小学校入学前の子どもだって同じなのです。

もちろん、具体的なことばが出てこなくても大丈夫。「何となく…」でもいいのです。そういうときは石の形や色など他の石との違いを、子どもと対話しながら親のリードで引き出してあげればいいのです。「丸っこいのが好き？」「この小石、すべすべしていない？」「色がいっぱい粒々になっていてきれいだね」「一個だけお土産に持って帰ろうか？」「どれにする？」と、インタビュー気分で問いかけてみてください。そういう対話もまた、五感を研ぎすますひとときになりますから。

動物園や水族館など、生物がたくさんいるところでも五感が刺激されることはたくさんあります。たとえば、「毛がフワフワで気持ちいい」「固くてざらざらしているよ」「あったかいね」など、触ったときの感触を、自分なりにことばにしていけるように促してあげましょう。

「フワフワ」「ざらざら」といった擬態語は、体験することでその感覚の理解が深まります。そして次にその子がそのことばを使うときには、確実にことばの芯をとらえた使い方ができるようになっていきます。

「風が気持ちいいなあ」なんていうフレーズが、子どもの口から自然と出るようになったら、それは五感をことばで表現する力がついてきた証拠です。

発語がつたなく、表現力の弱いと思われる子どもでも、心配にはおよびません。体や心の中には、その時の体験が深く染みこみ、豊かに蓄えられているのです。いずれ思いもよらぬ瞬間に、経験したことがことばとなり、親がびっくりすることになるでしょう。

色彩感覚とことば

幼児期の子どもは、ものの形を学習することは比較的簡単にできるのですが、色彩感覚はなかなか育たないと言われています。ただ、この色彩感覚はその子の情緒やことばのベースになる部分でもありますから、小さいころから少し意識して育ててあげるといいでしょう。

色彩感覚を育てなければ…とすぐに絵画教室などに通わせようとするお母さんもいらっしゃるかもしれませんが、家庭で簡単にできることで十分です。

たとえば絵の具を混ぜて、別の色をつくり、絵を描く経験はぜひさせてあげたいことの一つです。

うちの娘は幼稚園のころ、二種類の絵の具を混ぜると違う色ができることを祖母に教えてもらい、大変な衝撃を受けたようでした。それは、それまで使っていたクレヨンでは体験できないことでした。最近の子どもは色水遊びなどもあまり経験していないので、特に新鮮だったのかもしれません。思い通りに色をつくる難しさについても、身をもって感じたようです。

娘は、これを機会に色に関心を持つようになりました。自分がわからないときは必ず「この色は何色？」と質問してきます。それも単純に紫かどうかではなく「赤紫」なのか「青紫」なのか。それとも「紺」か「藍」なのか「青」なのかと細かく尋ねてくるのです。色のディテールやグラデーションにも関心を持ち始めたようでした。

そういえば、東京スカイツリーは昔ながらの日本の色を再現したライトアップをしています。ライティングの名称も「粋《いき》」「雅《みやび》」など、表現がとても美しいことに気づかされます。色を表すことばの豊かさは、日本が世界に誇れる文化です。子どもに多くを要求する必要はありませんが、同じ青でもいろいろあるんだなあということぐらいは、感じることができるのではないでしょうか。わかる範囲でかまいませんから教えたり、いっしょに考えてみてください。

身近なものとしては、基本の十二色よりも多い二十四色、四十八色の色鉛筆を用意するのも楽しいですね。たとえば赤でも少しずつ色味が違うものが何種類もあり、それぞれ名前がちゃんとついています。微妙な色の違いを知り、子どもなりに色にこだわりを持つようになることもあります。

色に関心を持つようになると、絵を描くときも、最もふさわしい色を自分なりに考えるようになります。たとえば木を描くときには葉っぱはどの緑色がいいのか、木の幹は明るい茶色がいいなとか、同じ茶色でも少し濃いところもあるなあと気づきが広がります。

色をテーマにした絵本もおすすめです。『あおくんときいろちゃん』（レオ・レオニ・作　至光社）は色を混ぜると違う色ができることがわかりやすく描かれています。また、『こんにちは　あかぎつね！』（エリック・カール・作　偕成社）は、補色を利用して白いページに動物のシルエットが浮かび上がる目の錯覚を感じられておもしろいですよ。いずれにしてもあまり難しいことは考えず、親子で色の組み合わせを工夫して遊んでください。

絵は好きな色で自由に描かせればいい

あるとき、色に関心を持ち始めた娘から、熱帯魚について「あれは何色で描いたらいいのかなあ」と聞かれたことがあります。その熱帯魚は全体がブルーでグラデーションがかかっています。見る方向によっても色が違って見えるので、娘としてはどうしたものかと悩んだのだと思います。

しかし私はあえて「この色で描くといいよ」とアドバイスしませんでした。その代わり、「どんな風に見える？」「どんな色があった？」と聞いてみました。すると「このへんが黄色かな」「このあたりは紫かな、青かな」「茶色の線があった」などと、自分なりに考えて描きはじめました。

大切なことは、子どもが自分で感じたままに表現することです。ときに子どもは暗い色を好んで使ったり、大人には考えられないような色を使うことがあります。ある一つの色を気に入ると、その色ばかり使うこともありますね。

たとえそういう傾向があっても、小学校入学ごろまでの時期はゆったり見守ってあげましょう。子どもはとにかくその色で描きたかっただけですから、描いたものを否定してはいけないのです。想定外の色を使ったとしても、何かのきっかけがあってその色を選んだのだと理解してあげてください。

私も、幼いころは太陽を赤で描けない子どもでした。周りはみんな赤で描いていましたが、どうしても赤には見えず、黄色で描いていたのです。大人は既成概念にとらわれがちですが、実は人によって見え方や感じ方は異なり、絵を描くときに使いたい色もそれぞれなのです。

たとえば、木々の緑でも朝の光と夕方の光では、光の具合や当たり方が違うので、色の見え方も違いますね。花畑の色も光の具合でいろいろな見え方をします。繊細な色の違いを日々感じていれば、子どもなりにその色の美しさや見事さにも関心が持てるようになります。

海の色、空の色…自然はさまざまな表情を見せてくれるものですね。人工的な色ももちろん大切ですが、やはりまずは自然の中で過ごす時間を意識的につくることからはじめ、そのひとときを絵に残せるよう導いてください。

手触りや音を楽しみ、ことばにつなげる

最近は泥遊びをする機会が少なくなりましたし、公園の砂場も「衛生的ではない」と考えて、あえて避ける人が増えています。当然のことながら、子どもも砂や土の感触に慣れていないので、はだしで泥の上を歩いたり、砂を触ったりするのも嫌がることもあるようです。

しかしこの時期こそいろいろなものを触って、手触りを感じることが大切です。文章の中には、自然のさまざまな状態を表すことばがたくさんありますが、読み手が経験しなければ、どのような感触なのか実感を持って読みとることは難しいでしょう。

さまざまな音も感じさせてあげたいですね。子どもは音を聞くのが大好きです。それは立派な楽器がなくてもできること。たとえば紙コップの中に入った小豆やお米。コップを振って音を聞き比べると、その違いがわかります。ペットボトルにビーズなどを入れた手づくり楽器なども、作ってみると楽しいでしょう。

昔ながらの遊びもおすすめです。たとえば、お手玉。今はあまり遊ばないかもしれませんが、以前はおばあちゃんが小豆を入れてつくってくれたものです。お手玉で遊ぶことで小豆がすれ合う音を聞いたり、布ごしではありますが、粒の手触りを感じたりして自然に五感が刺激されます。

もちろん、特別な音をつくらなくても、たとえば風の音、雨の音、水が流れる音、鳥の声など身の回りには自然な音がたくさんあります。

不快な騒音は避けたいですが、自然な音、生活の音などは心地いいものです。「風がびゅ～っと吹いているね」「小鳥がチーチーって鳴いているよ」などと、親子で音を感じ、それをことばに写しながら楽しんでください。

ゲームとのつき合い方

今は小学校に入学する前から、ゲーム機で遊ぶ子どもが増えました。ゲームのソフトは子どもたちを引きつける魅力があり、一度はじめるとなかなかやめることができません。毎日ゲームをやる時間を決めていても守れないことは多々あるでしょう。場合によっては外出時に子どもをおとなしくさせておくために、親がゲームをやらせてしまうこともあるかもしれません。最近は地域の公園でさえボール遊びや大声を出して遊ぶことまで、禁止事項になっているところがありますから、子どもが外で思い切り遊ぶこともできないという事情もあるのでしょう。

私が驚いたのは、旅行先の海岸で見かけたある親子の姿です。お父さんと小学生の男の子が二人で釣りに来ていました。お父さんは釣りに夢中になっています。そして子どもはというと傍らに座り、ずっとゲームをやっているのです。何ともったいないことでしょう。

ゲームは家でもできることです。お父さんといっしょに海へ来てまでゲームをしているのはなぜなのでしょうか。なぜいっしょに釣りを楽しまないのでしょう。釣りでしか経験できないことはたくさんあります。指先を使って針に餌をつけ、竿を手に持ちながら獲物がかかるのをじっと待つ時間、かかったときの感触。そして餌をとられたときの残念な気持ちや、釣り上げたときの喜び…。

ゲームが楽しいのはわかりますが、他にも楽しい世界があることを大人がしっかりと体験させてあげなければならないでしょう。もちろんゲームを全面的に禁止するのはナンセンスです。よく頭ごなしにゲームを禁止し、とり上げるご家庭があります。ゲームばかりしている子どもを見て、思わずそうなってしまうのはよくわかります。

しかし、もしかしたらゲームに限らず、すべてにおいて頭ごなしになっていませんか？それでは、子どもが自分なりに考えを整理して理解することができませんから、判断力が育ちません。一方的に禁止することによって、やりすぎがなぜいけないのか、その理由を子どもが考える機会を奪うことになりますし、逆にゲームをやりたいという思いばかりが高まってしまいます。

それよりもまずは「ゲームとどう付き合うか」を考え、ここだけは守ろうというルールを親子でしっかり話し合うことをおすすめします。ゲームリテラシーとでも言いましょうか。少なくとも、旅行先でゲームをするのは思いとどまってもらいたいですね。電車やバスの窓から見える美しい風景を楽しみ、新鮮な空気を味わう経験は、そのときにしかできないことなのですから。

朝はテレビを消して絵本の時間に

朝起きてから幼稚園や保育園へ行くまでの時間を、どのように過ごしていますか？　朝食の後、テレビの子ども番組を見せている間に家事を片づけ、登園の準備をしているのではないでしょうか。こういうときのテレビは助かりますが、実はこれものすごくもったいないことなのです。

朝は最も活力が充実している時間帯です。できればテレビを消し、絵本を眺める時間にあてなてください。もちろんお母さんは忙しいのですから、「この本を読んで待っていてね」と声をかけるのを忘れずに。あとは子どもの好きにさせましょう。

文字が読めなくても、好きな絵本ならページをめくって絵を楽しむことはできます。子どもなりにいろいろなことを感じたり考えたりすることもあるはずです。一人で絵本を見ていることができないときは、積み木やブロックで手先を動かすのもおすすめです。登園前のひとときは、言わば幼児期の朝読書タイム。ぜひテレビを消して「自分で読んでみようか」「ブロックで遊んでいてね」などとうながしてみてください。

幼児期の子どもがテレビやＤＶＤ漬けになっているのは、いいことではありません。なぜなら、見ている子どもは受け身にならざるをえないからです。テレビから流れてくることばは自分に向かって話しかけているものではないということは子どもでもわかります。

もちろん、幼児向けの番組の中には、子ども向けに日本語についてよく練られているものもありますので、すべてがよろしくないということではありませんが。いずれにしても、テレビは一日三十分程度とし、見るときは親もいっしょに楽しみながら、が原則だと思っておいてください。

周囲にまどわされないで

「小さいときから英語をやっていたら、三歳にはもうネイティブの発音をマスターしたんですって」「小学校に入る前に、ひらがなとカタカナは読み書きができないとついていけないそうよ」など、お母さんたちの間では子どもの将来を思って、いろいろなうわさが飛び交っているようです。

冷静に考えればそこまでやる必要がないことはご理解いただけると思います。おそらく、「みんなやっている」「うちの子だけ遅れたらどうしよう」という不安から、情報に踊らされてしまっているのではないでしょうか。しかし、私からはっきりと申し上げたいのは、こうしなければいけない、こうしなければ遅れてしまうということはないということ。

子育ては人それぞれでいいのです。周囲にまどわされるのではなく、自分の子どもがどんなことに興味を持っているのか、何が好きなのかということをよく観察し、そこを伸ばしてあげるようにするのが一番です。特に小学校入学前は「今を楽しむ」ことに全力を注ぐことが大切です。本書でご紹介していることも、お子さんに合っているなあと思えるものだけをアレンジして活用していくだけで、十分だと思います。

第　六　章

小学校に入学してから
できること

ここまでは、入学前の子どものことばを育てるための具体的な方法をご紹介してきました。小学校入学は、親子にとって大きな節目です。それまでのかかわり方からステップアップし、子どもの自主性が育つように心がけていけるといいですね。

親としては、子どもの成績のよしあしばかりが目につきやすくなりますが、小学校低学年ごろまでの子どもは、まだまだ発展途上です。ときにはまわり道をして、いろいろな失敗を経験しながら、豊かなことば育てを楽しんでほしいと思います。

そこでこの章では、小学校に入学してからの学習、読書などを通してことばの力をつけるためのアイデアをいくつかご紹介していきます。

学校のことを話す子、話さない子

入学すると今までの生活とは大きく変わります。学習面ではもちろん、生活面でも慣れるまでは親子とも大変だと思います。子どもの不安をとり除くよう、できれば毎日、学校で起こったことについて子どもと話すようにしたいですね。

おやつや、朝・夕食のときなどに、ほんの少しの時間でかまいません。「休み時間は何をして遊んだの？」「給食は美味しかった？」など、なるべく楽しい話がいいでしょう。

子どもの話からは、学校生活の何気ないことだけでなく、友人関係やクラスの様子など、そのときに子どもが置かれている状況まで読みとることができます。

子どもが話したがらなかったり、口数が減ったり、話していて急にイライラしたりする様子が見えたら、何かあったかなと気づくこともできるでしょう。いじめられているとはなかなか言わないでしょうが、親子の会話の中でちょっとした変化を感じられることもあるのです。

特に男の子のお母さんからは、「うちの子は学校のことを何も話してくれません」という話をよく聞きます。そういうときは、あらためて子どもに対する接し方などを振り返ってみましょう。ひょっとすると、お母さんが少し一方的に話す傾向があり、子どもが話すのをあきらめている可能性も考えられます。子どものことばをさりげなく引き出すよう、興味のありそうなことから話題をふってみてもいいかもしれません。そして、少しでも答えてくれるようになったら大成功です。

気をつけていただきたいのは、お母さんやお父さんが子どもの話をあまり聞かずに、そこから勝手にストーリーをつくって決めつけてしまうこと。それでは、子どもはいっそう話さなくなりますので注意しましょう。また、子どものことはすべて知らないと気がすまないような人も要注意。手をかけたいという思いが強すぎると、結果として過保護になり、子どもの自主性が育たないおそれがあるからです。

実は私自身、手痛い失敗をしたことがあります。あるとき、娘がいつもなら話してくれるようなことを、話してくれなかったことがありました。そのことを後になってから知り、思わず「何で教えてくれなかったの?」と、一方的に詰め寄ってしまったのです。妻から聞いてわかったことですが、娘は私が忙しそうに仕事をしていたので、あえて話さなかったのだそうです。私は、隠していると疑ってしまったことをとても反省し、娘に謝りました。親子の会話を大切にしようと思っていたのに、結局は私の都合で娘が話すきっかけを奪っていたのですから。

もちろん、毎日忙しいのですから、すべての話を聞いてあげることはできません。でも、たとえば三回に一回なら耳を傾けることもできそうです。時間をかけて根気よく接してほしいと思います。

授業で書いたノートを見なおす習慣

小学校入学当初は、ひらがななど文字の学習が中心です。子どものノートはたまに見て、ていねいに書けているかどうかを確認するぐらいでいいでしょう。

しばらくすると、教科書の内容や先生が板書したものを写してくるなど、少しずつ授業内容がノートに反映され始めます。そうなってきたら週に一度でいいので、教科書とノートを見ながら、どんなことを勉強したのか、子どもに話してもらうようにしてください。「どんなことを習ったの？　教えてほしいな」と、子どもに気分よく話してもらえるようにしむけるのがコツです。きっと喜んで話してくれますよ。

お母さんやお父さんは聞き手に徹しますが、たまには「それはどういうことなの？」と、少し質問してみてもいいでしょう。それが子どもなりに考え、学びを深めるきっかけになります。

子どもが十分に説明できないこともあるでしょう。でも「それは違うよ」などと、頭ごなしに否定してはいけません。「そこは難しいよね。でも大切なところだね」「もしかしたらこういうことかもしれないね」とちょっとだけヒントを出してみてください。家庭学習では、子どものやる気を支えることが大切なのですから。

漢字に親しむ環境づくり

ひらがなの練習がひと通り終わると、いよいよ漢字の学習が始まります。主に小学校では成り立ちや書き順を習い、例文をつくるなどして漢字の使い方を学びます。学校指定のドリル学習も並行して行うことになるでしょう。習った漢字をマスターするための学習は、学校に任せていいと思います。

子どもは漢字に関心を持ち始めると、習っていない漢字でも知りたいと思うようになります。家庭で大切にしたいことは、漢字に関心を持てる環境づくりです。子ども向けの新聞や、漢字をテーマにした学習まんがなどもありますので、興味があったら読んでみてはいかがでしょうか。

特に新聞はおすすめです。小学生向けの新聞は子どもが楽しめるような構成になっています。一面のニュース欄もかみ砕いたわかりやすい表現になっているので、低学年でも読みやすいでしょう。世の中の動きにも興味を持てるようになります。漢字にもルビがふってありますから、自然に漢字に親しめると思います。

漢字を先どりして読めるようになるのは、とてもいいことです。ことばの使い方を自然に覚えられますし、漢字も生きたことばとして身につきます。もちろん、この段階では書けなくても問題はありません。

初めての国語辞典の選び方

国語辞典を使う授業は、中学年からになる学校が多いようです。しかし、小学校に入学したところで、低学年用の国語辞典を一冊用意することをおすすめします。

日々の会話の中やテレビのニュースなどで、子どもが知らないことばが出てきたときなどは、お母さんが上手に説明できないこともありますね。小学生向けの国語辞典は、いずれもそれぞれのことばをわかりやすく解説していますので、そんなときには親子で辞書を開いてみてください。

もちろん、小学校入学前から子ども用の国語辞典を用意しているご家庭もあるでしょう。それぞれのご家庭で、辞書が必要だなと感じたときに買えばよいと思います。わが家では、幼児期は第三章でも紹介しました『小学館 ことばのえじてん』（小学館）のような、イラストや写真がたくさん掲載されている幼児向けのものがあれば十分でした。

国語辞典を選ぶときは、子どもといっしょにじっくりと探してください。小学生向けの辞書は何種類も出版されていますので、実物を手にとって書店で見比べることをおすすめします。同じ国語辞典でも、出版社によってそれぞれ特徴があります。イラストをたくさん使っているもの、欄外にちょっとした豆知識が印刷されているものなど、バラエティーに富んでいるのです。

選ぶときに最も大切にしたいポイントは本人にとって使いやすいかどうかです。実際に書店で何かことばを引いてみて、どの辞書の説明が一番わかりやすいか、見やすいか、その子の好みで選んでください。他には、収録語数、意味の説明が子どもに理解できるように書かれているかなどを確認するといいでしょう。

ゆったり辞書引きのすすめ

小学生になったら少しずつ辞書引きに親しむといいでしょう。まずはお母さんやお父さんがことばの意味を調べてあげましょう。辞書はこういうふうに使うものだということを、自然に学ぶはずです。

やがて、親の手を借りずに、自分で調べたいと思うようになったときに、子どもは自分の意志で辞書を使い始めます。そうなったら、親も根気よくつき合ってあげてください。ことばを調べることが楽しいと感じられるよう、焦らずにすすめてほしいと思います。

意味が何種類かある場合、どれが適切か、子どもにはわかりにくいこともあります。そんなときには意味ごとの例文を見比べて、親子でいっしょに「この意味だね」と特定して

ください。それだけで、辞書の利用法を習得したことになります。

わが家ではこんなエピソードがありました。娘が国語の教科書に出ている「小川のふち」ということばの意味を調べたときのことです。国語辞典を調べると「縁」と「淵」の二種類のことばが並んでいます。いったいどちらの意味が正しいのか、家族で「淵だと思う」「いや、やっぱり縁だよ」と議論になりました。結局、前後の文脈から「縁」の方だという答えを導き出しました。娘にとっては、ことばの意味が明確になったことだけでなく、親子でたくさん話し合った時間が持てたこともうれしい経験だったようです。

いっぽう、どうしても辞書引きにはまらない子どももいますね。文字がたくさんあって気後れしたり、辞書そのものに興味が持てなかったり。そういう子に辞書引きを無理強いすることで、辞書が嫌いになってしまっては困りますから、そんなときはお母さんが代わりに調べてあげてください。大切なことは、子どもがことばそのものに興味を持つように、意味を少しずつ理解させること。家庭では、一つ一つのことばの意味を拾い、じっくり理解していくような使い方ができれば十分です。

中学、高校ともなると電子辞書を使う生徒が多いようです。一つの機器に英和、和英、国語、漢和などが入っているので、持ち運びに便利なのでしょう。電子辞書を使うことで、辞書を引く際の利便性も格段に高まりました。

とはいえ、紙の辞書は調べたいことばだけをピンポイントで引くだけでなく、その周辺のことばの意味にも目がいきますので、知識がより深まるという効果が期待できます。少なくとも小学校ごろまでの時期は、ぜひ紙の辞書に親しんでおきましょう。

中島家流　辞書引きのコツ

わが家でも娘の小学校入学に合わせて国語辞典を購入しました。辞書を使うようになって、ことばに対する興味がぐんと深まったようでした。知らないことばに出会ったときに辞書を引くようにしていますから、辞書引きのペースはあくまでもじっくり、ゆったりが基本ではあるのですが。

辞書を引いたときは、そのことばのページに付箋をはります。その付箋は、「いつか使おうね」と買っておいた、かわいい動物の形をしたものです。娘はそれを使いたかったらしく、喜んで辞書を開くようになりました。このように、この頃の子どもは、ちょっとした工夫でやる気になってくれるものです。

親子でテレビを見ていたときのことです。番組の中で「おごれる英雄」ということばが出てきました。娘が「おごれるって何?」と質問してきたので、いっしょに辞書で調べることにしました。ところが「おごれる」そのままのことばは見つかりません。そこで私のアドバイスから「おごる」という表現に変えて調べることにしました。

ことばにはいくつもの意味を持つものがあります。「おごる」にもいくつか意味がありますす。辞書には、①いい気になっていばる、②必要以上にぜいたくな暮らしをする、③人にごちそうする、という解説がありました。

当時一年生だった娘にはそれだけではまだピンとこなかったようでしたが、辞書を眺めているうちに「おごる」のすぐ近くに「おごり高ぶる」ということばを見つけ、そちらに書かれている意味からようやく理解できたようでした。辞書のよいところは、そのことばの周辺に似たような意味のことばを見つけられるところです。類語や慣用句を探すこともできますね。

またあるときのこと、娘が読んでいた『のらねこソクラテス』（山口タオ・作　岩崎書店）という本の中に、「鉄は熱いうちに打て」ということばが出てきました。

早速辞書を開きます。まずは「鉄」ということばを調べました。そこには鉄という物質の意味が書かれています。周辺には「鉄」を使った熟語が並んでいます。根気よくたどっていくと、「鉄は熱いうちに打て」の項目がありました。

一生懸命探して、ことばを見つけたときの喜びは格別です。子どもが小さいときは親子でその喜びを分かち合いたいもの。私はその繰り返しこそが、ことばへの興味を深めるように感じます。

読書ノートをつけてみよう

私がいつもすすめているのが、お母さんが子どもにインタビューする形で、読書記録をつける方法です。どんなノートでもかまいませんので、専用の読書ノートを一冊用意します。そして「どんなお話だったの？」「読んでどう思った？」「このときのこの子の気持ち、どんなだろうね」などと聞いてください。子どもから出てきたことばを、メモ程度に書き留めるといいでしょう。

おそらく子どもからは、「おもしろかった」「楽しかった」といったありきたりのことばしか出てこないと思います。小学校低学年ぐらいまでは、言いたいことがあっても上手に表現できない時期です。頭の中にイメージはあるのだけれど、うまくことばにできません。とはいえ、やはり書くより話す方がいい表現が出てくるものです。一生懸命話して伝えようと集中するので、ことばがやわらかくなりますし、思いがけずいい表現が飛び出すことだってあります。それを逃さず、読書ノートに記録してあげましょう。

子どものことばの中でいい表現を見つけたときは、「その表現、いいね！」と声をかけてあげましょう。「わあ、おもしろいね。今のもう一度言ってみて」とか、「よくまとまって話せたね」など、お母さんやお父さんが感心したことも伝えられるといいですね。

そんな積み重ねの中で、子どもなりに「こういうことを言いたいときは、このことばを使って書けばいいんだな」と、書いたものを見て、少しずつ覚えていくはずです。いきなり書かせるより話してもらう方が、結果としてより豊かなことばを引き出すことができるのです。

忙しくてインタビューができない日もあると思います。そんな日は読んだ日とタイトル、著者名だけでも記録しておいてください。貴重な子どもの成長記録にもなります。たとえタイトルだけでも、子どもも後からそのノートを見たときに「自分はこんなに読んだんだ」という誇らしい気持ちを感じるはずですから、ぜひ続けていただきたいと思います。

なお、拙著『本を読んだらすすめてみよう　小学生のための読解力をつける読書紹介文ノート』（小学館）では、五十冊の本を記録できます。読んだ日、タイトル、作者、おもしろかったかどうか、そして、だれかに本の紹介をする欄を設けていますので、よかったら参考にしてください。

自分の感じたことを自由に書けない読書感想文

小学校に入って、多くの子どもを苦しめるのが読書感想文ではないでしょうか。夏休みの宿題などで読書感想文を書かなければいけないことが多く、うまく書けずに悩んでいるご家庭が少なくありません。

私個人としては、感想文はあまりおすすめしたくないものの一つです。なぜなら、一生懸命に書いても評価されず、先生が気に入るような内容を書けば評価されるという側面があるからです。先生に気に入られるように書こうとして、自分の素直な気持ちを表せなくなってしまうことだって考えられます。ちょっと意地悪な言い方をするなら、先生の「ウケ」を狙って書くことができさえすれば、いい成績がつくということにもなりかねません。

自分にとってつまらない作品でも、感想文に「つまらなかった」とはなかなか書けませんよね。たいていは「自分にも同じようなことがあり悩んだけれど、最後には解決して成長できた」といったような、定番の図式に当てはめて書いてしまうのではないでしょうか。

とはいえ、学校の学習の中で必ず通過するものですから、書かせないというわけにもいきません。では、どのように子どもを導いていけばよいのでしょうか。

読書感想文の書き方

必ず書かなければならない読書感想文。せっかくですから感想文の学習を活用して、文章の内容を読みとる力、表現する力が育つよう、上手に導いてください。

全体を一度に把握するのは難しいことですから、まずは内容を場面ごとに分けて少しずつ考えます。場面に分けるのはお母さんがやってあげてください。それぞれの中で「どんなことを覚えている?」「楽しいと思ったのはどこかな?」などと、聞いていきます。

内容をはっきり覚えていないようなら、いっしょに読みなおしてみましょう。きっと「ここは楽しかった」「悲しい気持ちになったのはここ」など、子どもが内容を思い出してその場面を言えるようになります。子どもなりに印象に残った表現などがないか確認しましょう。

お母さんの方からは、「楽しいよね」「ここは寂しくて悲しいね」「うれしいよね」など、喜怒哀楽の表現を添えてあげるといいでしょう。

よく子どもの感想文は「◯◯が◯◯したところが、おもしろかったです」という表現になりがちです。まだ細やかな表現力が身についていないのですから、しかたのないことです。しかし子どもだってこの表現に満足しているわけではありません。子どものうちは感じとったことをうまく整理できないので、あらためて自分のことばに置き換えることができないのです。

また、子どもによって感じ方はさまざまです。大人としてはこう感じてほしいという「正解」が見えていますが、あえて子どもにその「正解」を言わせるのはやめましょう。「正解」が書かれていない感想文は、学校の先生からは認めてもらえないかもしれませんが、子どもが素直な心で感じたことを、親として尊重してあげてほしいと思います。そして、子どもなりに工夫して感想となることばを一つでも言えたら、「いいところを見つけたね!」「そういうふうに感じているんだね」「すごいね、あなただから見つけられたんだね」と、全面的に評価してあげましょう。

子どもの表現はつたないですから、文法的に間違っていたり、少しずれた表現をする場合もよくあります。そういう間違いについても「そこ間違っているよ」とストレートに指摘するのは控えてください。「あれ、こういう意味だったかな」「○○っていうこと?」など、子どもがより適切な表現にたどり着くように誘導してあげられるといいですね。

ちょっとしたテクニックですが、親があえてずれた表現をしてみるのも効果的ですよ。「○○だね」とずれたことを言う親に対して、「違うよ! こういうことだよ」と得意げに訂正してくれるでしょう。

大切なことは、大人が子どもの表現を奪ってはいけないということ。語彙が少ない中で一生懸命考えているのですから、子どもの表現を尊重してください。

子どもの感想を適切な表現に導く方法

小学校の教科書にも出ている、『花いっぱいになあれ』（松谷みよ子・作）という作品を娘と読んだときのことです。

子どもたちが花の種をつけた真っ赤な風船を飛ばします。その一つが風に乗って山まで飛んできて、子ぎつねのコンのところへ落ちてきました。コンはしぼんだ真っ赤な風船を、花だと思います。そして糸の先についていた種の袋を、花の根っこと間違えて土に埋めました。

読み終えた娘は、コンが種の袋を花の根っこと間違えたところがおもしろいと言いました。娘はそれが風船であり、種の袋を埋めても風船が咲くことがないのがわかっています。けれどコンはそれがわからない。そこがおもしろいというわけです。

子どもの表現能力から考えれば、これで満足してもいいのかもしれません。しかし私はもう少しことばを深めたいと思いました。そこで、

「コンは風船のことを何だと思っているのかな？」と聞いてみました。娘は、

「風船じゃなくて、赤いお花だと思っているよ」と答えます。

「風船を花だと思っているコンのこと、どう思う？」

とさらに質問を重ねていったところ、

「コンがかわいらしい」と新しい表現が自然に出てきました。コンが間違っているところがかわいいと言うのです。

大人の表現力をもってすれば、コンは「かわいらしい」というよりは、コンが間違って種を埋めた行為を「ほほえましい」と言いたいところです。しかし低学年ごろの子どもに、まだ「ほほえましい」という語彙はありません。ただ、物語をより深く感じたことで、ほほえましさを感覚的に知ることができました。いつか成長して「ほほえましい」ということばに出会ったときに、その意味がすんなりと心に入っていくことでしょう。こうしてことばを理解する土壌を耕すことができるという意味でも、読書感想文を上手に利用されるといいでしょう。

学校でよく出る宿題

小学校になると、毎日のように宿題が出されます。低学年のうちは、お母さんのサポート次第で学習効果が高まります。忙しいとは思いますが、時間を見つけて付き合ってあげましょう。

【日記・絵日記】

学校にもよりますが、週に一回程度、日記や絵日記が宿題に出ることがあります。何を書いたらいいのかわからない、いつも同じようなことばかり書いているなど、悩みの尽きない宿題の一つですね。

日記は、何かトピックがないと書きにくいものです。とはいえ、毎週のように特別な経験をさせてあげるのもまた厳しいですね。時間があれば、週末などを利用して体験学習の教室に行かせたり、家族で出かけたり、イベントに参加したりするといいでしょう。そこまで特別なことでなくても、家でできることでも十分です。いつもはやらないお手伝いをさせたり、親子いっしょに何かを作ったり、近くに住んでいれば祖父母を訪ねるのもいいですね。また、スーパーなどでの買い物も、子どもにとっては書きやすい材料になります。

日ごろから、経験したことを少し意識させるだけで、日記の「ネタ」には困らないはず。ぜひ、親子で毎日の生活の中から探してください。

【音読】

小学校の宿題の定番とも言える音読。毎日、同じところを繰り返し聞かされるのは、少し面倒だったりもします。しかし、音読は子どもにとって大切な学習です。何しろ、記憶力が抜群ですから、何回も読むうちにその文章を暗記してしまいます。教科書に掲載されている文章は、どれも専門家が吟味を重ねて選び抜いたよいものばかりですから、子どもの表現力の確かなベースとなります。

また、子どもが音読しているのを注意深く聞けば、イントネーションや文の切り方の間違いにも気づけます。音読する力は、文章を理解する力といっしょですから、正しく、気持ちをこめて読めているかどうかで、その子の理解度を測ることができます。音読は、国語の基礎力をつけるために必要な学習なのです。

おすすめ国語自由研究

　自由研究を利用して、国語の力を高めることもできます。いくつかご紹介しますので参考にしてください。いずれも親子で楽しくとり組むことが大切です。

【インタビュー】

　ことばを育てるためのトレーニングとして非常に大切なのは「話すこと」「説明すること」です。しかし、子どもにとって説明することほど大変なことはありません。言ってみれば、何かを説明するということは、大人にとって外国語で話すのと同じぐらい大変なことなのです。できれば無理なく、力をつけてあげたいですね。

　そこでおすすめしたいのが、インタビューです。人の話を聞いて文章にまとめるインタビューは聞く力、書く力をつける自由研究としてもおすすめです。

　おじいちゃんやおばあちゃんに電話でインタビューしてもいいですね。かわいい孫によるインタビューですから、一生懸命答えてくれると思います。

　また、スイミングスクールのコーチや、バレエの先生など、習い事の先生にお願いしてもいいですね。事前に質問事項を考えてからのぞみます。たとえば「この仕事をしてよかったことは何ですか」「大変なことは何ですか」といった具合です。質問事項は少なくてもいいでしょう。インタビュー時は子どもがメモをとるのが基本ですが、一応親もメモをすると安心です。

メモを見ながら、インタビューしたことを文章にまとめましょう。初めはうまくいかないかもしれませんが、そのうちコツをつかみ、自信をつけるはずです。ただ、くれぐれもインタビューに答えてくださる方の負担にならないよう配慮し、感謝の気持ちを伝えることを忘れないでくださいね。

インタビューを通して、いろいろな人のことば、表現を知ることになりますし、話しことばと書きことばの違いにも気づくことでしょう。聞いて書きとることで、人のことばを自分のものとしてしっかりととりこむことができるようになります。人が何かを説明する機会に触れることは、子ども自身の説明力をつけることにつながります。

【旅行記】

自由研究の定番です。旅行中は子どもに写真を撮らせてあげましょう。高価なカメラを渡すのは心配ですが、使わなくなった携帯電話のカメラ機能を使うなどすると安心です。そして、何時に到着したか、何に乗ったか、何を食べたかなどその都度メモしましょう。

メモできないときは宿に戻ってから忘れないうちに書き留めましょう。
これらの情報を時系列に書き、写真などを添えれば立派な旅行記の出来上がりです。興味を持ったことは後から深く調べて書くと、より充実した旅行記になります。

【読書ノート】

休暇中に読んだ本を、専用のノートに記録してみましょう。読んだ日、タイトル、作者などの基本情報と合わせて、自分がおもしろいと思ったところを書き留めておきます。一～二行でも十分ですが、たくさん書きたければどんどん書かせてください。読んだ本の表紙を写真に撮り、プリントしたものをはりつけると豪華な読書記録になります。

【こども新聞】

世の中のニュースから子どもの目にとまったものを一つか二つ、身の回りのことからおきたことも一つか二つ程度、それぞれとり上げてつくります。社会に目を向けるきっかけにもなり、子どもの世界を広げてくれる自由研究です。
新聞の切り抜き、インターネットから引き出した情報でもかまいません。そのまま切り抜いてはりつけるのではなく、内容を子どもなりに説明する文を書かせます。低学年ならいつ、どこで、何が起こった、という程度でとどめましょう。身の回りの情報については、いつ、誰と、どこへ行った、何をした、という程度で十分です。

毎日とり組むのは大変ですが、ある程度回数を重ねるうちに、伝えるために必要な情報コンテンツを見極める力がつき、新聞づくりに生かせるようになります。


【スポーツ観戦記】

野球やサッカー、バレーボール、スケートなど人気のスポーツを観戦する機会があったら、ぜひその観戦記をつけましょう。一流の選手のプレイ、会場の盛り上がりは、ぜひ現場で感じ取ってほしいものの一つです。

初めはルールもわからないかもしれませんが、そのうち理解できるようになり、応援するチームができることもあるでしょう。自分がそのスポーツを始めるきっかけになる子もいるでしょうし、やらないまでも、チームやそのスポーツに深い関心を持つようになる子もいるでしょう。

ゲームを観戦するときに撮った写真、チケットやパンフレットも使って観戦記をまとめるといいですね。試合の日時、対戦カード、内容、勝敗の他に、観戦しておもしろかったこと、感動したことを記録に残しておきましょう。

やがてくる小学校生活に向けて

「小学校に入るまでに、何をしたらいいのかしら…」と、不安を感じて悩んでいるお母さんたちは多いと思います。それだけに、できれば小学校の勉強を先どりしておきたいと考えるのかもしれません。しかし、小学校入学前だからこそ、先どりの勉強よりも親子でいろいろなことを楽しむ時間を優先させてほしいと思います。

親子で楽しむ時間とは、ここまでご紹介してきたような絵本の読み聞かせだったり、ことば遊びをしたり、楽しかった経験を親子で語り合ったりという時間です。楽しむだけではなく、ともに残念がったり、悲しんだりすることもまた子どもの感性を育みます。

先どりの学習をしていなくても、入学してから普通に勉強していれば、一学期のうちに追いついてしまいます。むしろ、先どり学習をしていない子の方が、学校で学ぶことのすべてが新鮮で楽しいと感じられ、学ぶ意欲に満ちた魅力的な子どもに育つはずです。

親の「やらせたいこと」を優先させるあまり、せっかく子どもが何かを楽しもうとしているところに、ドリルのようなものをやらせたり、何か言おうとしている子どものことばをさえぎったりするのは、百害あって一利なしですからやめましょう。

小学校に入ったら、生活のリズムを整えることを優先させてください。何時に起きて寝るのか、宿題はいつするのか、テレビはいつ見るのか、ゲームはどうするかなど、ある程度親子で話し合って決めるといいでしょう。「じゃあ宿題をしようか」「遅刻したら大変だから、6時半には起きようね」など、子どもの気持ちも尊重しつつ、基本的なところは親がコントロールすることが大切です。

よく、入学と同時に通信教育や塾などで勉強ばかりさせる家庭がありますが、かえって子どもの可能性をつぶしてしまいますから、ご注意を。子どもは与えられた勉強ばかりしていると、自分から勉強しようという意欲を失ってしまいます。少なくとも低学年のうちは、まだまだのんびり、ときには無駄と思えるような時間を持たせてあげましょう。子どもは自分が「やりたい」と思ったときに伸びるものです。無理強いはせず、ゆったりと見守ってあげてくださいね。そして親子で小学校生活を、楽しんでほしいと思います。

第　七　章

おすすめブックリスト

初めて絵本を手にとる小さなお子さん向けから、
小学校低学年向けの少し背伸びをしたものまで、
私が選んだ223冊を8つのジャンルに分けて紹介します。

「はじめての絵本」では、本の情報だけ掲載します。
その他の絵本には、あらすじや私の感想を入れました。

子どもによって、絵本への興味には差があります。
決して強制することのないようにしてください。
ことばの力をつけるには、たくさん読むことよりも、
楽しめるかどうかの方が大切です。
どうぞご家族いっしょに絵本の世界を味わってください。

※価格は全て税別、2017年11月現在のものです

はじめての絵本

001『わたしほんがよめるの』
ディック・ブルーナ・作・絵　まつおかきょうこ・訳（福音館書店）700円

002『くらいくらい』
はせがわせつこ・作　やぎゅうげんいちろう・絵（福音館書店）800円

003『あそぼうよ』
レオ・レオニ・作　谷川俊太郎・訳（好学社）850円

004『ころころまるちゃん　みつけた』
ラズー・作・絵（教育画劇）720円

005『ノンタン　おしっこしーしー』
キヨノサチコ・作・絵（偕成社）600円

006『ピヨピヨ　だあれ?』
いりやまさとし・作・絵（学習研究社）580円

007 『つぎ、とまります』
村田エミコ・作・絵（福音館書店）800円

008 『くっついた』
三浦太郎・作・絵（こぐま社）800円

009 『おいしいね』
あかいしゆみ・作・絵（学研教育出版）680円

010 『とびだす！うごく！うみのいきもの』
わらべきみか・作・絵（小学館）524円

011 『しましまぐるぐる』
かしわらあきお・作・絵（学習研究社）880円

012 『だーれだだれだ！』
きむらゆういち・作　せべまさゆき・絵（小学館）650円

013 『あーん』
谷川俊太郎・作　下田昌克・絵（クレヨンハウス）1200円

014 『おつきさまなにみてる』
なかじまかおり・作・絵（岩崎書店）850円

015 『おふろ』
新井洋行・作・絵（偕成社）600円

016 『どうぶつ絵本　はじめまして』
グザビエ・ドゥヌ・作・絵（小学館）1200円

017 『あいさつ』
いもとようこ・作・絵（金の星社）850円

018 『あかちゃんのうた』
松谷みよ子・作　いわさきちひろ・絵（童心社）800円

019 『ならびました』
五味太郎・作・絵（ブロンズ新社）900円

020 『かんぱーい』
山岡ひかる・作・絵（アリス館）1000円

021 『あくび』
中川ひろたか・作　飯野和好・絵（文溪堂）1500円

022 『あなのなか』
森あさ子・作・絵（岩崎書店）850円

うれしい　おもしろい　たのしい

001『わたしのワンピース』

にしまきかやこ・作・絵（こぐま社）1100円

うさぎの女の子が白いワンピースをつくります。そのワンピースを着てお花畑をお散歩すると、ワンピースはいつの間にか花模様に。雨が降れば水玉模様に…。次はどうなるのかな、きれいだな、すてきだなと楽しみながら読めます。「ららら ん　ろろろ ん」と、フレーズも口ずさみやすいのです。

002『でちゃったときは』

織田道代・作　くわざわゆうこ・絵（フレーベル館）700円

子どもたちが大好きな「おなら」の話。おならが「ぷ」と出ちゃったときは、リンリンとベルをならしてプリンにしちゃおう、といった調子で、おならの音がいろいろなものに。おならを楽しくごまかしちゃおうというお話。思わず笑ってしまうことば遊びが続きます。

003『ねこざかな』

わたなべゆういち・作・絵（フレーベル館）980円

ねこが魚を食べようとして、逆に魚に飲みこまれてしまいます。魚の口から顔をのぞかせるねこざかな。二匹は仲よく暮らしますが、サメも気味悪がってよりつきません。魚の口の中に猫の顔があるという、何とも意外な発想と話の展開を、あっさりした筆致のほのぼのとした絵が包みこみます。

004『おふろだ、おふろだ!』

わたなべしげお・作　おおともやすお・絵（福音館書店）800円

お父さんと子どもの入浴、楽しいですよね。体を洗ってもらって泡だらけになったり、いっしょに湯舟につかって、数を数えたり。お父さんの背中も、ちょっぴり洗えるかな？　そんなスキンシップのひとときが、この本の中につまっています。

005『ぐるんぱのようちえん』

西内ミナミ・作　堀内誠一・絵（福音館書店）800円

ぞうのぐるんぱが、一生懸命働くお話。大きすぎるビスケット、大きすぎるお皿…と何でも大きくつくってしまうので、行く先々で失敗の繰り返し。そのぐるんぱが最後に見つけた仕事とは？　自分らしいことの心地よさ、楽しさというメッセージ性もありますが、それにこだわらず楽しく読むことができます。

006『ぼくのしっぽは？』

しもだともみ・作・絵（教育画劇）1100円

いろいろな動物のしっぽが出てきます。「ぼく」がそのしっぽを貸してもらうと、すごいことがわかるのです。日ごろあまり意識しないしっぽですが、実は動物によってその使い方や、しっぽのある意味が異なるのです。巻きつけたり、たたいたり、動くために使ったり。少し科学的で楽しく読める絵本です。

007『でんしゃにのったよ』

岡本雄司・作・絵（福音館書店）800円

私鉄・JR・新幹線と乗り継いで、東京駅に到着します。電車の両数や速度、駅や沿線の風景が、そのたびに変わり、都会らしくなっていきます。子どもが電車好きになってしまいそうな躍動感のある絵本です。

008『おかえし』

村山桂子・作　織茂恭子・絵（福音館書店）800円

引っ越してきたキツネは、隣のタヌキのところへいちごを持ってあいさつに行きました。するとタヌキがおかえしをして、またまたキツネがおかえしを…。「おかえしのおかえしのおかえしの…」とエスカレート。やめるタイミングを逃してしまったようでもあり、大人も共感できるストーリー。

009『おねしょのせんせい』

正道かほる・作　橋本聡・絵（フレーベル館）1200円

りすのむっくはおねしょの名人。友だちみんなにすてきなおねしょのしかたを教えます。たとえば、「寝る前にはお便所にいかないこと」など、助言（？）は五つ。さて、この助言をみんなが守った翌朝は!?　お友だちのみんなは、いいおねしょができるでしょうか？

010『うんちしたのはだれよ！』

ヴェルナー・ホルツヴァルト・作　ヴォルフ・エールブルッフ・絵　関口裕昭・訳（偕成社）1300円

ある日、もぐらくんが地面に顔を出したとき、だれかがもぐらくんの頭の上にうんちを落としたのです。怒ったもぐらくんは、うんちを落とした相手を捜しに出かけます。うんちをのせたままというところがまず大笑い。いろいろな動物が自分のうんちの説明をするところなど、とても楽しく読めるでしょう。

011『ようちえんにいきたいな』

アンバー・スチュアート・作　レイン・マーロウ・絵　ささやまゆうこ・訳（徳間書店）1500円

ピヨくんは、おにいちゃんたちが幼稚園へ行くのをうらやましく思っていました。ところが自分がいよいよ幼稚園へ行くことになると心配になってくるのです。入園前の子どもたちにぜひ読んであげたい作品。勇気を出して、胸をはって出かけていく様子は、子どもたちに夢と希望を与えることでしょう。

012『山のとしょかん』

肥田美代子・作　小泉るみ子・絵（文研出版）1300円

山で一人暮らしをしているおばあさんが、かつて自分の子どもに読んで聞かせた絵本を押入れからとり出してみました。そこに不思議な男の子があらわれ、その日から毎晩、絵本を読んであげるようになるのですが…。絵本を読んでもらって幸せそうな様子、子どもの素直な気持ちが心地よい作品。

013『おふろだいすき』

松岡享子・作　林明子・絵（福音館書店）1300円

男の子が一人でおふろに入ると、湯船の中からペンギン、亀、クジラなどが次々と出てきます。いっしょに体を洗って、お湯につかって五十まで数えて…。子ども心に「こういうことがあったらいいな」と思える楽しい世界。子どもにとっておふろという身近な場所でイメージが広がります。

014『おおきなかぶ』

A・トルストイ・再話　佐藤忠良・絵　内田莉莎子・訳（福音館書店）800円

有名なロシアの民話。「うんとこしょ　どっこいしょ」と何度も繰り返されるフレーズは、子どもたちの心をつかみます。いっしょに声を出して読んでもいいですね。自分の知っていることばが出てきたり、何度も同じような場面が繰り返し出てくる絵本は、子どもたちも余裕を持って読めるでしょう。

015『おしゃべりなたまごやき』

寺村輝夫・作　長新太・絵（福音館書店）1200円

卵焼きが大好きな王様がくりひろげる楽しいストーリー。ある日、悪気はなかったのに、ちょっとした事件を引き起こしてしまいます。でも自分が犯人だとは言えない王様。読者は、王様が犯人だとばれないかハラハラドキドキすることでしょう。ストーリーが楽しめるようになった子どもにおすすめです。

016『すみっこのおばけ』

武田美穂・作・絵（ポプラ社）1100円

「ぼく」の机の下には小さなおばけが住んでいて、いつでも「ぼく」の味方になって助けてくれます。そのことはだれにも内緒。物語を通して「ぼく」がおばけに支えられながら成長していくのです。小学校入学を控え、学習机などを買う時期の前後に読むのにもピッタリな作品だと思います。

017『それなら いいいえ ありますよ』

澤野秋文・作・絵（講談社）1400円

ぐうたらで部屋の中が汚いぎんたと、ノラ猫のちゃまるの物語。ちゃまるが、さまざまな動物たちのために家の斡旋をしていることを知ったぎんたは「かたづいたきれいなへや」をちゃまるに所望しますが…ストーリーも楽しいですが、絵がとても細かくていねいで見ごたえがあります。

018『トラのじゅうたんになりたかったトラ』

ジェラルド・ローズ・作・絵　ふしみみさを・訳（岩波書店）1400円

やせっぽちのトラは、宮殿の広間でごちそうを食べている王様たちがうらやましくてなりません。ある日、宮殿の庭に干してあったトラの毛皮のじゅうたんになりすまし、うまく入りこむのですが…。読者はハラハラドキドキ、そして思わず大笑い。子どもの心をつかんで放さない愉快な物語。

019『おじいちゃんのおじいちゃんのおじいちゃんのおじいちゃん』

長谷川義史・作・絵（BL出版）1400円

五歳の男の子がおじいちゃんに質問します。「おじいちゃんのおとうさんはどんなひと？」ひいおじいちゃん、ひいひいおじいちゃん…。時代をどんどんさかのぼり「ひいひいひいひいひいひいひい…」。読むのは大変ですが、何度も聞きたくなるような、子どもの心をくすぐる魅力的な絵本。

020 『パパとあたしのキャンプ』
鈴木永子・作・絵（ひさかたチャイルド）1200円

あこちゃんとパパが二人でキャンプにやってきます。パパと二人だけという設定がとても新鮮。お姉さんぶって一生懸命手伝うあこちゃん、頑張っているけれどちょっと抜けたところのあるパパの姿が微笑ましいのです。この絵本を読んだら、きっと家族でキャンプへ出かけたくなるでしょう。

021 『がっこういこうぜ！』
もとしたいづみ・作　山本孝・絵（岩崎書店）1300円

通学路に妖怪が出るから、学校には行きたくないと言うけんごくん。友だちのせいぎくんが迎えに来て、いっしょに学校へと向かいます。登場する妖怪たちは何とも滑稽でまったく怖くありません。どんどん妖怪をやっつけていくストーリーはシンプルで痛快ですから、親子で楽しく読めるでしょう。

022 『みかちゃんとカポネ』
朝比奈かおる・作・絵（ブロンズ新社）1400円

みかちゃんは小さい女の子。ある日おじいちゃんの家に遊びに行く途中、サングラスをかけた猫のカポネに、「うまそうなパンをおいていけ」とおもちゃのピストルを突きつけられますが…。カポネにタルトのつくり方を教えるところは、思わず食欲をそそられます。親子でタルトをつくりたくなるかも？

023 『おともださにナリマ小』
たかどのほうこ・作　にしむらあつこ・絵（フレーベル館）1000円

小学一年生になったばかりのハルオ。ある日学校に行くと何だか様子がおかしいことに気づきます。実はここは、きつねたちが人間の子どもに変身して学校で遊びたいという思いからつくった学校だったのです。「おともださ」の「さ」は鏡文字。そんなちょっとしたおかしさも楽しめます。

024『なんでもふたつさん』

M・S・クラッチ・作　K・ビーゼ・絵　光吉夏弥・訳（大日本図書）1200円

何でも二つ持たないと気がすまない人のお話です。帽子も、上着も、傘も、仕事も二つずつ。でも子どもと奥さんは一人ずつというのが気になっています。読みながら、何でも二つはよくばりとか、自分だったらどうだろう、奥さんが二人って…？　と想像を膨らませるだけで楽しくなりますね。

025『1ねん1くみ1ばんワル』

後藤竜二・作　長谷川知子・絵（ポプラ社）1000円

一年一組の一番ワルとされているくろさわくん。乱暴だし、勉強もしないし、宿題もやらない男の子。でも、彼のエピソードはどこかほほえましいのです。どこにでもいそうな愛すべきキャラクター。主人公の少年がくろさわくんを受け入れていくところで、読者も友だち関係を疑似体験できそう。

026『やかんねこ』

矢玉四郎・作・絵（岩崎書店）980円

アキラが見つけたやかんは、猫の宇宙船。二人はそのまま宇宙旅行に出発。宇宙にはおかしな星がいっぱいです。たとえば子どものできることが大人にはできない星、本の一ページに一文字以上書いてはいけない星など。比較的文字は多いですが、楽しすぎてあっと言う間に読めてしまうでしょう。

027『オバケちゃん』

松谷みよ子・作　いとうひろし・絵（講談社）1200円

オバケちゃんはママとパパと三人で森に暮らしています。ある日、この森の木を切ろうと人間がやってきました。「おばけが出る」とわかれば木を切らないと思った一家でしたが、人間はおばけを利用してひと儲けしようと企みます。森を守ろうとするおばけ一家が強い思いで頑張るところが感動的。

どきどき　わくわく

001『へんしんトンネル』

あきやまただし・作・絵　（金の星社）1200円

くぐるといろいろなものに変身してしまう不思議なトンネル。かっぱが「かっぱかっぱかっぱ」と言いながらトンネルをくぐると、「ぱかっぱかっぱかっ」と馬になって出てきます。ことばは区切るところで意味が変わります。それに気づくことでことばの楽しさを実感できるでしょう。

002『なにをたべてきたの？』

岸田衿子・作　長野博一・絵（佼成出版社）1300円

しろぶたくんがりんごを食べると肌に赤い色が表れ、レモンを食べると黄色が表れます。小さいお子さんにもわかりやすいお話です。仲間のぶたくんたちといっしょに「何を食べてきたの？」と問いかけてみましょう。最後に間違って石けんを食べてしまってからの展開は、きっと楽しんでもらえるはず。

003『トイレたんけんたい』

おだしんいちろう・作　こばようこ・絵（フレーベル館）1000円

一人でトイレに行くのが怖い男の子が主人公。そこで結成したのが「トイレたんけんたい」。男の子はたんけんたいのおもちゃたちに助けられながら、やっとの思いでトイレに到着することができました。トイレが怖いという子どもは少なくありません。主人公に共感しながら楽しく読めます。

004『ぼく、ひとりでいけるよ』

リリアン・ムーア・作　ジョーヤ・フィアメンギ・絵　神宮輝夫・訳（偕成社）800円

あらいぐまのラクーンが、お母さんに頼まれてザリガニをとりに行きます。ところが、月夜の道に映る自分の影が怖かったり、夜の小川をのぞくと自分の姿が見えて驚いたり。やっとの思いでお母さんのおつかいを果たすことができました。お母さんのアドバイスがすてきで、大人も考えさせられます。

005『さよならペンギン』

糸井重里・作　湯村輝彦・絵（東京糸井重里事務所）1300円

ペンギンが海水パンツを買いに出かけるというお話。ペンギンが世界各国を旅するのですが、その展開はかなり奇想天外で、読んであげるお母さんたちがびっくりするかもしれません。でも、子どもにはその意外さが面白くて、ワクワクして、たくさん笑って、素直に喜んで読める作品です。

006『ハンタイおばけ』

トム・マックレイ・作　エレナ・オドリオゾーラ・絵　青山南・訳（光村教育図書）1400円

ある日突然、男の子のところにハンタイおばけがあらわれました。そのときから男の子のやることがすべて反対になってしまいます。困った男の子は、「そうなってほしくない」ことを言ってみようと思いつきます。絵本を通して反対のことばとは何か、反対の概念を自然に楽しく感じることができます。

007『いるのいないの』

京極夏彦・作　町田尚子・絵（岩崎書店）1500円

男の子が田舎の古い家でしばらく暮らすことになりました。天井のハリが見える大きな家。そのあたりの暗がりに、何かの気配を感じるのです。何だかわからないけれど、見られているような怖さ。五感を研ぎ澄ませる経験が少ない子どもたちにおすすめしたい本。大人でも怖いかもしれません。

008『さんまいのおふだ』

千葉幹夫・作　早川純子・絵（小学館）1000円

山姥につかまってしまった小僧さん。あらかじめ和尚さんからもらっていた三枚のお札を使って、何とか逃げ出してお寺に帰ってくることができました。でも追いかけてきた山姥は…。日本の昔話の一つ。山姥が追いかけてくるところは怖いけれど、昔話ならではの物語の力を感じる作品。

009『はじめてのおるすばん』

しみずみちを・作　山本まつ子・絵（岩崎書店）1100円

三さいのみほちゃんが、初めてのお留守番をします。ところがそういうときに限って集金や郵便屋さんなど、いろいろな人がやってくるのです。不安な気持ちを抱えながらも、頑張っている主人公。留守番の経験がない子どもたちも、絵本を通して留守番をしたような気分になることでしょう。

010『ケーキやさんのゆうれい』

オグバン・作　プライスマン・絵　福本友美子・訳（フレーベル館）1300円

ケーキ職人がお店を開こうとするけれど、それを邪魔する幽霊。その幽霊はかつての店主だったのです。とびきりのケーキができたら店を出すことを許すと言われます。いろいろなケーキを作るけれど、なかなか満足しない幽霊。彼女が満足するケーキとは？　設定がおもしろく最後はホロリとさせられます。

011『ひゅーどろどろかべにゅうどう』

角野栄子・作　はたこうしろう・絵（小峰書店）1100円

うちの中で変な音が…。ヒロとタッちゃんはおばあちゃんから「かべにゅうどうがいるから、かべの穴に指をつっこんだらいけないよ」と教えてもらいます。でもかべにゅうどうと話をするうちに、つい指をつっこんでしまい大変なことに。指を入れるまでの緊張感、ハラハラドキドキの絵本。

012 『ぼくはねんちょうさん』

サトシン・作　田中六大・絵（小学館）1400円

主人公の男の子は、幼稚園の年長さん。学校へ上がる前の最高学年だけに、その自意識過剰なところがおもしろいのです。「だってぼくはねんちょうさん」と、子どもっぽいことをしたくないという思いがほほえましい。もう大きいのだからと、自信を持つことの誇らしさを感じられるといいですね。

013 『さあ、とんでごらん!』

サイモン・ジェームズ・作　福本友美子・訳（岩崎書店）1300円

鳥のひなたちが巣立つ時期。末っ子の鳥ジョージだけは駄々をこねて巣の外へ出ようとしません。ところがある日、強風で巣ごとどこかへ飛ばされてしまいます。どうにかしなければと思い始めるジョージ。ジョージを守ろうと必死に追いかけるお母さんの姿が、真に迫ってくるのです。

014 『モナ・リザをぬすんだのはだれ?』

ルーシー・ナップ・作　ジル・マックエルマリー・絵　結城昌子・訳（岩波書店）1500円

実際にあった盗難事件を題材にした物語です。レオナルド・ダ・ヴィンチによって描かれたモナ・リザが、いろいろな人の手に渡り、やがてパリのルーブル美術館に飾られ、盗難事件にあう…その経緯を、モナ・リザ自身が物語として語るところがおもしろいのです。推理ものを読んでいるような印象も。

015 『こすずめのぼうけん』

ルース・エインズワース・作　堀内誠一・絵　石井桃子・訳（福音館書店）800円

こすずめが初めて空を飛んだ日、自分の力を過信して、どんどん遠くへ飛んで行ってしまいます。だれも助けてくれず、他の鳥たちに冷たくあしらわれ…。読んでいてハラハラドキドキ。すてきなストーリーです。子どもは自然にこすずめと自分を重ねて読むことができるので、想像力が広がります。

016『よかったね　ネッドくん』

レミー・チャーリップ・作・絵　やぎたよしこ・訳（偕成社）1400円

パーティに招待されたネッドくん。遠い会場へ飛行機で向かいますがその飛行機が壊れてしまいます。でも大丈夫、パラシュートがありました。ところが…と次々に大変な出来事が起こり、そのたびにハラハラしたりホッとしたりの繰り返し。次々と驚きが襲ってくる奇想天外さが楽しいのです。

017『ふわふわくもパン』

ペク・ヒナ・作・絵　星あキラ・訳　キム・ヒャンス・写真（小学館）1500円

雲を練りこんで焼いた「くもパン」を食べたら、空を飛べるようになりました。猫のきょうだいの冒険がはじまります。空を飛んでお父さんが働いている会社へ行くと、いつもと違うお父さんの姿が。空を飛びたいとあこがれる子どもの心に響く絵本。パンの香ばしい香りも感じられそう。

018『こんた、バスでおつかい』

田中友佳子・作・絵（徳間書店）1400円

きつねのこんたは、お母さんからおつかいを頼まれましたが、「のってはだめよ」と言われていたバスに乗ってしまいます。次々とバスに乗りこんでくるおばけたちが怖くてたまらないこんた。どこかへ迷いこむストーリーは、子どもにとって怖いけれど魅力的なもの。不安とスリルを楽しめるでしょう。

019『たんたのたんけん』

中川李枝子・作　山脇百合子・絵（学習研究社）900円

たんたの誕生日に、不思議な地図が届きます。その地図を持って探検に出発！するとひょうの子どもバリバリ・バリヒが現れて、たんたのことばや行動をまねするのです。この繰り返しが何とも楽しく、また探検ならではのドキドキ感もしっかり味わえる作品。意外な結末も楽しめるでしょう。

020『うみのポストくん』

山下明生・作　村上康成・絵（教育画劇）1300円

海の底にあるポストくんは、ダイバー専用。でもそこにタコが住み始めてしまいます。ポストくんは、タコの子どもたちに字を教えてあげて、やがて手紙を書くようになります。そのうち大事件が起こってポストの扉が開かなくなってしまって大騒ぎ。タコたちの絵が何とも言えずかわいらしい。

021『だいくとおにろく』

松居直・再話　赤羽末吉・絵（福音館書店）800円

古くから伝わる民話を再構成した絵本です。流されない橋をかけてほしいと頼まれた橋大工。そこへ川に住む鬼が現れ、目玉をくれたらつくってやると言われるのです。橋大工はついに鬼に頼んでしまうのですが…。橋大工が機転をきかせるところが爽快な物語。力強い絵も魅力的です。

022『はじめてのゆうき』

そうまこうへい・作　タムラフキコ・絵（小峰書店）1100円

としおはお父さんが大好きで、お父さんには何でも話します。ところが、友だちに仲間外れにされていることだけはどうしても言えないのです。原因はちょっとした行き違い。親に頼って解決するのか、それとも…？　お父さんに頼らず、自分で解決しようと勇気を出して立ち向かう男の子の物語。

023『ウエズレーの国』

ポール・フライシュマン・作　ケビン・ホークス・絵　千葉茂樹・訳（あすなろ書房）1400円

ウエズレーは、夏休みの自由研究で新しい作物を育て、新しい文字や数字を考案します。そして自分だけの文明を生み出そうとするのです。新たな文明を一人の力でつくり出すという発想そのものが、子どもならでは。夢は大きく持っていいのだ、こんなことを考えてもいいのだと勇気づけられる作品。

024『マスラン・パンパンこいをする』

ジドル・作　イヴ・カラルヌ・絵　山下明生・訳（のら書店）1200円

小さい男の子、マスランの恋物語。お相手のバネッサちゃんは実際には存在しない女の子。周囲に自慢したいばかりに架空の女の子をつくり出したのです。自分の空想や、友だちへの意地など、とても子どもらしい世界が展開します。最後に現実世界と空想がリンクするところが、またおもしろいのです。

025『モンスター・ホテルであいましょう』

柏葉幸子・作　高畠純・絵（小峰書店）900円

この物語では、西洋を中心とした有名なおばけがたくさん登場します。ここで一夜をすごすと最高です。何しろやってくるお客さんも風変わり。いろいろなおばけがやってきて、いろいろなことが起こるのです。子どもは怖がりながらもおばけの物語が好きですね。きっと楽しく読めるでしょう。

026『タンタンの冒険旅行　黒い島のひみつ』

エルジュ・作・絵　川口恵子・訳（福音館書店）1600円

タンタンは少年記者。犯人たちを黒い島へと追いつめるのですが…。物語の設定にワクワクさせられますし、タイトルも魅力的。ストーリー展開の意外さ、一筋縄ではいかない、いろいろなしかけが潜んでいます。スティーブンソンの『宝島』にも通じる物語。特に男の子は気に入るのでは？

027『マコチン』

灰谷健次郎・作　長新太・絵（あかね書房）1100円

まことくんのあだなはマコチン。すねると大爆発することから、またのあだ名はマコギャング。いわば問題児とも言えますが、何事にも全力投球。ある日マコチンは、担任の先生がお休みしたのでお見舞いに行くのです。マコチンのやさしさ、先生に喜んでもらえて満たされた様子に胸が熱くなります。

028『二ちょうめのおばけやしき』

木暮正夫・作　渡辺有一・絵（岩崎書店）1068円

家出をしたタツヤが、駅前の広場で拾った「おばけしんぶん」。二丁目にある「おばけやしき」は取り壊されることになっていました。「役に立たないものだってあっていいじゃないか」というタツヤのことばに感動して現れたおばけたち。何もかも合理的でなくていいことに気づく作品。

029『ロボット・カミイ』

ふるたたるひ・作　ほりうちせいいち・絵（福音館書店）1300円

子どもたちが紙でつくったロボット・カミイは、やんちゃで、幼稚園に入って大騒ぎ。でも問題が起こっても、子どもたちは話し合ってルールをつくります。あるとき、カミイの身に大変なことが起こるのですが…。文体がすばらしく、リアルな表現に引きこまれます。「よい文章」に触れられる物語。

030『デイジーのこまっちゃうまいにち』

ケス・グレイ・作　シャラット、パーソンズ・絵　吉上恭太・訳（小峰書店）1300円

デイジーはいたずら大好きな女の子。ある日、お母さんから外出を禁止されてしまうのです。それでもたくさんの騒ぎを引き起こします。猫が落とし穴に落ちてくれないとか、お小遣いが少ないとか、いろいろな困ったことが…。でも、日々の楽しい様子がなぜか伝わってくるのです。

031『大どろぼうホッツェンプロッツ』

プロイスラー・作　中村浩三・訳（偕成社）900円

少年カスパールが、大どろぼうホッツェンプロッツに挑むストーリー。少し長いお話ですが、ストーリー展開が流れるように速く、奇想天外で、どんどん先を読みたくなるでしょう。登場人物の名前が読みにくいのですが、物語でも名前を言い間違えるところなどもあったりして、本当におもしろいのです。

とっても大切なもの

001『おとうさんだいすき』

司修・作・絵（文研出版）1100円

いろいろな動物の子どもたちが集まって、自分のお父さんが運転する乗り物自慢をはじめます。ところがこぐまのお父さんは乗り物を持っていないのです。お父さんなんか嫌いだと思って帰ったら、お父さんがすてきな乗り物に乗せてくれるのです。鉛筆画の味わいがあたたかな作品。

002『おはなをどうぞ』

三浦太郎・作・絵（のら書店）1200円

メルシーちゃんはお母さんにあげようとお花をたくさん摘みます。家に戻る途中、いろいろな動物たちに出会い、少しずつお花をおすそ分け。「どうぞ」「ありがとう」のやりとりが、読んでいる子どもにとってもいい経験になります。カラフルな色使いに目を奪われます。

003『おしえて　おしえて』

マーカス・フィスター・作　谷川俊太郎・訳（講談社）1500円

なぜ命があるのか、何が時間を動かしているのか…自然や命の不思議に疑問を投げかけます。大人でも答えに迷うようなことですが、子どもたちの「不思議だと感じる力」を引き出し、いっしょに考える機会にも。ページのあちこちがキラキラと光っていて、子どもの興味をひくことでしょう。

004『おこりんぼママ』

ユッタ・バウアー・作・絵　橋本香折・訳（小学館）1250円

ママに怒られたペンギンの男の子は、何と体がバラバラになってしまいます。怒られるたびにこういう気持ちになるのか、と親としてドキっとするストーリーですが、最後はママの力でもとに戻るのでご安心を。子どもたちは、大胆な展開を楽しんで読むことができるでしょう。

005『くまとやまねこ』

湯本香樹実・作　酒井駒子・絵（河出書房新社）1300円

なかよしのことりが死んでしまい、悲しむくま。やまねこが寄り添い、喪失感を少しずつ埋めていきます。友の大切さと、悲しみに向き合い癒やされていくことに気づかされます。酒井駒子さんの静かなイラストがすばらしい。

006『ちょっとだけ』

瀧村有子・作　鈴木永子・絵（福音館書店）800円

なっちゃんの家に赤ちゃんがやってきました。お母さんは忙しいし、もうお姉さんだからと、いろいろなことを自分でやろうと頑張ります。でも、眠くなったときは「ちょっとだけ」とお母さんに甘えるなっちゃん。お母さんの深い愛と、せつなさを乗り越えて成長していく姿が素直に読みとれます。

007『ジェインのもうふ』

アーサー・ミラー・作　アル・パーカー・絵　厨川圭子・訳（偕成社）1200円

小さな女の子ジェインは、夜もピンクの毛布がないと眠れないほど毛布が好き。そんなジェインも、赤ちゃん用のベッドは使わないほどに成長しました。そしてなぜか毛布はどんどん小さくなっていくのです。ジェインの成長が自然に描かれ、擦り切れた毛布も実は…という結末にもほのぼのします。

008『ピリカ、おかあさんへの旅』

越智典子・作　沢田としき・絵（福音館書店）1700円

ピリカはアイヌ語で「美しい」という意味。ピリカというメスの鮭が、遠く回遊していた海から、自分が生まれた川に戻って卵を産みます。絵がていねいに描き込まれていて、私たちもピリカといっしょに海や川を泳いでいるような気持ちになります。命がつながっていることを実感させてくれる作品です。

009『半日村』

斎藤隆介・作　滝平二郎・絵（岩崎書店）1400円

半日しか日の当たらない、とても貧しい村がありました。ある日少年は、あの山を削ればいいと思いつきます。そしてひたすら山を削る姿に、はじめは無理だと言っていた大人たちも手伝い始めるのです。そして長い年月を経て…。希望を捨てず生きていく人々の姿が、とても感動的な一冊です。

010『やっぱりおおかみ』

佐々木マキ・作・絵（福音館書店）900円

ひとりぼっちのおおかみが、仲間を探しにさまよっています。さて、仲間を見つけることができるでしょうか。人間関係について深いメッセージを与えてくれる作品ですが、子どもなりに受け止められると思います。おおかみの「け」ということばにはいろいろな感情がこめられていますよ。大人も考えさせられる一冊です。

011『おかあさんの目』

あまんきみこ・作　くろいけん・絵（あかね書房）1300円

節子は、お母さんの目の中に、自分が映っていることに感動します。その目の中には他にも海や月夜などの風景も映りはじめるのです。それはお母さんの心に焼きついた美しい景色だったのです。「うつくしいものに出会ったらいっしょうけんめい見つめなさい」ということばがとても印象的です。

012 『ペレのあたらしいふく』

エルサ・ベスコフ・作・絵　おのでらゆりこ・訳（福音館書店）1200円

世話をしているひつじの毛で、セーターを編み上げるまでの物語。刈りとった毛をすいてもらい、糸をつむいでもらい、毛糸を染める青い粉を買いに行き…。子どもなりに働いたその対価でたくさんの人の力を借りてつくっていく様子が、牧歌的な雰囲気の中で少年の行動を通して語られています。

013 『ちいさなちいさなおんなのこ』

フィリス・クラシロフスキー・作　ニノン・絵　福本友美子・訳（福音館書店）1100円

小さかった女の子が、少しずつ成長し、それまで届かなかったところにも手が届くようになったり、できなかったことができるようになっていく様子を、淡々と描いた絵本です。読んでいる子ども自身も、絵本を通して自分の成長を確認することができます。昔を振り返るいい時間になるでしょう。

014 『ピーターのいす』

エズラ・ジャック・キーツ・作・絵　きじまはじめ・訳（偕成社）1200円

妹が生まれてから、お父さんとお母さんは妹にかかりきりで、ピーターは寂しい思いをしています。自分が使っていたゆりかごやおもちゃもどんどん妹のものに。でも、やがて自分がお兄ちゃんだという意識が芽生え始めるのです。素直に妹をかわいいと思う気持ちが伝わってきます。

015 『りんごがひとつ』

ふくだすぐる・作・絵（岩崎書店）1300円

ひとつのりんごをめぐって、いろいろな動物が登場します。次はどんな動物が出てくるか、当てっこをするのもよいでしょう。最後は意外なことに！大人も子どももきっと温かい気持ちにさせられます。イラストがかわいらしく文も短いので、読み聞かせも負担にならないのでは。

016『はじめてのオーケストラ』

佐渡裕・作　はたこうしろう・絵（小学館）1500円

女の子がはじめてコンサートに行き、ベートーベンの第九を聴きます。指揮者はなんとお父さんです。生で聴く音楽や歌声に合わせて、女の子が心を自由にはばたかせる様子がすばらしい。クラシック音楽への入り口になるのではないでしょうか。

017『あそこへ』

マリー・ルイーズ・フィッツパトリック・作・絵　加島祥造・訳（フレーベル館）1200円

女の子が、一本道を歩き続けています。目指している場所は「あそこ」。女の子はいろいろな思いをめぐらせながら歩きます。抽象的な内容ですが「どこへ行くんだろうね」「この景色はどこかで見たね」などことばを添えながら読むと、親子でみちくさしながら歩いているような気分を感じられそう。

018『ともだちやもんな、ぼくら』

くすのきしげのり・作　福田岩緒・絵（えほんの杜）952円

夏休みのラジオ体操の帰り道、三人の男の子たちがカブトムシを見つけ、木に登っていると、近所でも有名なカミナリじいさんにつかまってしまうのですが…。子どもたちが協力し合う姿、いろいろなことを体験する楽しさが伝わります。そして何より、仲間の大切さが伝わってくる絵本です。

019『きみはほんとうにステキだね』

宮西達也・作・絵　（ポプラ社）1200円

意地悪で嫌われものの恐竜、ティラノサウルス。ところが、エラスモサウルスと友だちになって、ティラノサウルスの強くて速く走れるところが大好きだと言われ、ティラノサウルス自身が変化していきます。恐竜の名前を覚えるきっかけにもなるし、友情のすばらしさを感じる絵本としてもおすすめ。

020『しんせつなともだち』

方 軼羣・作　村山知義・絵　君島久子・訳（福音館書店）800円

雪のふる冬の日、食べ物を探しに出かけたうさぎが、二つのかぶを見つけます。そこで一つを友だちのろばのところへ届けますが留守なのでそっと置いて帰りました。そこからかぶはやぎ、しかへと届けられ…。親切な気持ちはめぐってみんなを優しくすること、分け合う気持ちのあたたかさが伝わります。

021『とっときのとっかえっこ』

サリ・ウィットマン・作　カレン・ガンダーシーマー・絵（童話館出版）1300円

ネリーと、お隣に住むおじいさん、バーソロミューとのお話です。成長した女の子が、年老いていくおじいさんに、むかししてもらったようにやさしく接します。二人の立場が変わっても交流は変わらない。子どもの無垢な気持ちが感じられ、心が温かくなる一冊です。

022『とおいまちのこ』

たかどのほうこ・作　ちばちかこ・絵（のら書店）1300円

遠い町から来た女の子の話に耳を傾け、みんなでいっしょに行ってみたいと強く思った日。その夜起こったことは…。たかどのほうこさんは、女の子の心理を見事に描く作家さん。語りかけるような文体が、遠い町への想像力をかきたてます。美しく幻想的な絵はやすらぎを感じさせてくれます。

023『ゆっくりのんびり』

いとうひろし・作・絵（絵本館）1200円

はなちゃんはいつも亀といっしょ。のんびりゆったり過ごしています。何しろ、出かける準備をしている間に、蝶がさなぎから羽化してしまうぐらい時間がかかるのです。そのマイペースぶりは、多くの子どもたちの日常とも言えそう。人と違っても全然気にしないところが子どもらしい。

024 『アンナの赤いオーバー』

ハリエット・ジィーフェルト・作　アニタ・ローベル・絵　松川真弓・訳（評論社）1300円

モノであふれる現代社会に生きる子どもたちに、ぜひ読んでもらいたい物語です。戦争が終わったら新しいオーバーを買ってくれるとアンナに約束したお母さん。でも、お金もモノもない時代。そこでお母さんの大切なものと引き換えに羊毛を買い、糸をつむぎ…一年がかりでようやくできあがったのでした。

025 『かあさんのいす』

ベラ・B・ウィリアムズ・作・絵　佐野洋子・訳（あかね書房）1400円

おばあさんとお母さんと三人暮らしの女の子。お母さんは仕事でとても疲れています。ときどきお手伝いをして、もらったお金の半分をためて、いつかお母さんのために立派な椅子を買ってあげたい…そしてついに。つましいけれど、希望を持って幸せに暮らすことに心があたたかくなるでしょう。

026 『いいから いいから』

長谷川義史・作（絵本館）1200円

何をしても「いいから、いいから」と大らかなおじいちゃん。小さなことなど気にしない！（人によっては大きいと思われることも）。知らずに捕らわれている思い込みなどから、自由になれるヒントがここにはあります。子育てでイライラしたときに、おとなこそ読んでみてはいかがでしょう。４巻まで出ています。

027 『あるきだした小さな木』

テルマ・ボルクマン・作　シルビー・セリグ・絵　はなわかんじ・訳（偕成社）1200円

お父さんとお母さんの近くにいる小さな木が、人間の世界に興味を持って動き出します。工夫して、根っこを動かして、いろいろな国へ行くのです。世界を見て、最後には親と離れたところに根を張って生きていく木。寂しい気持ちもありますが、自立する意味や意義も伝わってきます。

028『おくりものはナンニモナイ』

パトリック・マクドネル・作・絵　谷川俊太郎・訳（あすなろ書房）1200円

何でも持っている友だちを喜ばせるものとは？　猫のムーチが考えます。あれもあげたい、これもあげたいという思いが、箱の中にたくさんつまっているのです。受けとり方はそれぞれ。自由に読ませてあげましょう。谷川俊太郎さんの訳がすばらしく、ことばの美しさを感じられる絵本です。

029『あらしのよるに』

木村裕一・作　あべ弘士・絵（講談社）1000円

嵐の夜、白いやぎがやっとの思いで小さな小屋にもぐりこみました。小屋の中は真っ暗で何も見えません。そこにけがをしたオオカミがやってきます。お互いの姿が見えない中、二匹は思いを語り合います。本来なら食べ、食べられる関係の二匹がそのハードルを越えて仲よくなるところが魅力。

030『おにたのぼうし』

あまんきみこ・作　いわさきちひろ・絵（ポプラ社）1000円

節分の日、豆まきをしている家に入ることのできない、鬼の子のおにた。どのうちからも豆をまく音がして行くところがありません。ようやく一軒だけ豆のにおいのしない家を見つけます。そこに住んでいたのは女の子と病気のお母さん。おにたは驚かさないよう、なぐさめるために心を砕きます。

031『すみれ島』

今西祐行・作　松永禎郎・絵（偕成社）1400円

太平洋戦争中、特攻隊として出撃していく若者たちに、子どもたちがすみれの花を贈ります。敵の船に当たらず、ある島に墜落して亡くなった若者がいました。その島はやがてすみれの花でいっぱいに。特攻隊を理解するのは難しいですが、お母さんなりに説明してあげてほしいと思います。

032『ふたりはともだち』

アーノルド・ローベル・作・絵　三木卓・訳（文化出版局）950円

しっかりもののかえるくんと、少しお茶目ながまくんの、不思議ですてきなかかわり合い。五つの短編にまとめられた古典的な名著です。一つ一つの話は短いながら、あたたかさ、おかしさ、せつなさなどが随所に織りこまれています。読めばきっと「友だち」のすばらしさが心に残ることでしょう。

033『ひとりひとりのやさしさ』

ジャクリーン・ウッドソン・作　E.B. ルイス・絵（BL出版）1400円

ある朝、クローイのクラスにマヤという女の子の転校生が入ってきました。服はみすぼらしく、お弁当の中身も変。クローイたちはマヤを孤立させますが、クローイもまた、痛く厳しい気持ちになるのです。自分たちが彼女にしていることについて、クローイは考え直していきます。やさしさについて考えさせる本です。

034『だいすき — そんなきもちをつたえてくれることば』

ハンス・ハーヘン、モニック・ハーヘン・作　マーリット・テーングヴィスト・絵（金の星社）1500円

オランダを代表する作家と画家による、詩画集です。女の子の目に映った世界を23編の詩でつづります。一編一編、ゆっくり読んで、絵とのコラボレーションを味わえるとよいですね。心にひびく詩に出会えるのではないでしょうか。絵がとても美しく、幻想的な一冊です。

035『だいすきだよ、オルヤンおじいちゃん』

カミラ・ボルイストレム・作　千葉史子・絵　石井登志子・訳（徳間書店）1200円

八歳の男の子のオルヤンは、老人ホームにいる自分と同じ名前のおじいさんと出会います。足の悪いおじいさんと無邪気に交流するオルヤン。家族に限らずさまざまな世代の人たちと交流することは、人生を豊かにしてくれます。この本はその大切さを教えてくれているのです。

036『おねえちゃんってふしぎだな』

北川チハル・作　竹中マユミ・絵（あかね書房）1000円

幼い姉妹が二人だけでおつかいに出かけます。そこで姉がものすごい「お姉ちゃんぶり」を発揮。家にいるときとは違うふるまいを見て「おねえちゃんってふしぎだな」と思う妹の気持ちや、お互いをいたわり合う姿は、子どもたちの心に響くはずです。

037『くまって、いいにおい』

ゆもとかずみ・作　ほりかわりまこ・絵（徳間書店）1600円

森の奥に住むいいにおいのくま。森の動物たちは悩み事の相談にやってきて、くまのにおいをかいで癒されるのです。でもくまは悩みを聞いてばかりで疲れてきました。そこできつねからにおいが消える薬をもらうのですが…。「におい」に注目するきっかけになる絵本。嗅覚の大切さを感じられます。

038『きいろいばけつ』

もりやまみやこ・作　つちだよしはる・絵（あかね書房）900円

きつねのこんすけが、橋のたもとで黄色いばけつを見つけます。でも、すぐに自分のものにせず、持ち主が現れるまで、大切に預かることに決めました。一週間したら自分のものにしようと思いながら過ごす日々。読み終えたとき、その時間こそが宝物だったと気づくはずです。

039『ロッタちゃんのひっこし』

アストリッド・リンドグレーン・作　イロン・ヴィークランド・絵　山室静・訳（偕成社）1000円

ロッタちゃんはいつもご機嫌ななめ。すぐにかんしゃくを起こすし、駄々をこねてお母さんの言うことなど聞きません。家出をすると言って、ロッタちゃんは隣の家の物置小屋へ引っ越して…。わがままだけど、どこか憎めない女の子が生き生きと描かれている物語です。

どうぶつだいすき

001『ちっちゃなミッケ！』

ジーン・マルゾーロ・作　ウォルター・ウィック・写真　糸井重里・訳（小学館）700円

いろいろなものがちりばめられた中から、お目当てのものを探す写真絵本。大人気「ミッケ！」シリーズの幼児向け版です。動物、乗り物、食べ物など、ことばとものの結びつきを、遊びながら身につけられます。いつもの絵本の読み聞かせの合間に、こんな本もとり入れてみると楽しいですよ。

002『くつやのねこ』

いまいあやの・作・絵（BL出版）1500円

『長靴をはいた猫』を題材とした絵本です。貧しいくつやが猫に助けてもらう物語。とてもていねいに描かれた絵の美しさに、きっと誰もが心を奪われることでしょう。二〇〇九年のボローニャ国際絵本原画展でも人気が高かった絵本。物語はもちろんですが、絵を見る楽しみも味わってほしいと思います。

003『こねこのぴっち』

ハンス・フィッシャー・作・絵　石井桃子・訳（岩波書店）1500円

子猫のぴっちはやんちゃで甘えんぼう。あひるのまねをして池で泳ごうとしておぼれかけて助けられたり、病気になって看病してもらったり。子どもが自分と重ねて読むことができるでしょう。ぴっちの子猫らしい表情や、かわいらしいしぐさがとても魅力的に描かれています。

004『まっくろネリノ』

ヘルガ・ガルラー・作・絵　やがわすみこ・訳（偕成社）1000円

色とりどりのきょうだいとは違い、まっくろな鳥のネリノ。仲間外れにされて寂しい思いをしていたけれど、その兄さんたちは美しい色ゆえにつかまってしまうのです。ネリノは自分の黒い体を生かして、兄さんたちを助けに行きます。だれにも長所があることを教えてもらえる作品です。

005『アレクサンダとぜんまいねずみ』

レオ・レオニ・作・絵　谷川俊太郎・訳（好学社）1456円

ねずみのアレクサンダは、子どもたちにかわいがられている、おもちゃのぜんまいねずみがうらやましくてしかたありません。ところがある日、飽きられたぜんまいねずみがゴミ箱に捨てられているのを見て…。アレクサンダがぜんまいねずみを助けようとする姿は感動的。絵のかわいらしさも秀逸です。

006『少年と子だぬき』

佐々木たづ・作　杉浦範茂・絵（ポプラ社）1000円

子だぬきは人間の世界を見たくて人間に変身。そして、自転車で転んでひどくすりむいてしまった男の子に出会います。やわらかい布があれば傷の手当てができるのに…代わりにしっぽで手当てしてあげた子だぬき。たぬきとばれてしまったけれど、少年はやさしく接するのです。心温まるストーリー。

007『きりんはダンスをおどれない』

ジャイルズ・アンドレイ・作　ガイ・パーカー・リース・絵　まきの・M・よしえ・訳（PHP研究所）1200円

きりんはダンスが苦手で踊れません。他の動物たちにからかわれ、寂しく歩いているとコオロギが現れます。そして心に音楽を感じれば踊ることができると教えてもらいます。月の光や風の音など自然を感じて踊るきりん。苦手意識を持つ子どもたちは、きりんを自分と重ね、共感し希望を持つでしょう。

008『ねこのパンヤ』

おかだなおこ・作（小学館）1300円

ねこのパンヤのパンをつくる工程がていねいに描かれています。誰かのために、心をこめて何かをつくるという温かいお話。動物たちがとてもかわいらしく、いろいろなパンもとてもおいしそうに描かれていて、子どもたちはきっと楽しく（おいしく？）読めることでしょう。

009『としょかんねずみ』

ダニエル・カーク・作　わたなべてつた・訳（瑞雲舎）1600円

ねずみのサムは本好きが高じ、ついに自分で本を書いてしまいました。その本を図書館に置くと、「おもしろい」とたちまち話題になりました。だれが書いたんだろうと噂になるものの、サムは名乗り出ることができません。図書館に行けばおもしろい本が見つかるかも、という気持ちにさせてくれる一冊。

010『人食いとらのおんがえし』

松谷みよ子・文　長野ヒデ子・絵（佼成出版社）1300円

朝鮮の民話絵本シリーズの一冊です。人食いとらののどにささったかんざし。山に住む若者がそのかんざしを抜いて助けます。恩を感じたとらが、一生をかけて若者に恩返ししていく物語。若者を支えるとらの姿から、だれもが何かに助けられて生きていることを実感できるのではないでしょうか。

011『ねずみじょうど』

岩瀬成子・文　田島征三・絵（フェリシモ出版）1286円

おばあさんが落としたそばもちが転がって穴の中に。おばあさんが「にゃあ」と鳴きまねをすると、ねずみたちは金の臼と杵を置いて逃げ出してしまいます。持ち帰って米をついてみると臼は米であふれます。その様子を見ていた隣のおばあさんも…。昔話ならではのおもしろさを味わえます。

012 『こいぬをむかえに』

筒井頼子・作　渡辺洋二・絵（福音館書店）1200円

そうちゃんは、おじさんの家で生まれた子犬をもらいに出かけます。おじさんの家にいる女の子にとっては、子犬との悲しい別れでもありました。そうちゃんは女の子のことを思い、子犬を大切にしようと考えます。犬を飼うことで、いろいろなことを感じる子どもの心の動きが伝わります。

013 『よいしょ』

工藤直子・作（小学館）1200円

植物や動物の写真に工藤直子さんが詩をつけたフォトポエム絵本です。「よいしょ」と生き物たちの声が絵本から聞こえてくるようです。「よいしょ」の他にどんな声かけができるか、アイディアが浮かぶことでしょう。子どもの想像力を豊かにするつくりになっています。

014 『おすわりくまちゃん』

シャーリー・バレントー・作　ディビッド・ウォーカー・絵　福本友美子・訳（岩崎書店）1100円

かわいらしい色の椅子が四つあります。それぞれの椅子に四匹のくまちゃんたちが座ります。そこへもう一匹のくまちゃんがやってきますが、座る椅子はありません。くまちゃんたちは、いろいろ工夫し合い譲り合ってみるのです。くまちゃんたちのやりとりがかわいらしく、優しい気持ちになれます。

015 『ちいさなヒッポ』

マーシャ・ブラウン・作　うちだりさこ・訳（偕成社）1200円

カバの子ヒッポは、大きくて優しいお母さんから、さまざまな生きる知恵を教わります。ところがヒッポは怖いもの知らず。あるときワニに襲われそうになり、お母さんは必死に守ろうとするのです。その深い愛情は読み手に安心感を与えてくれるはず。木版画の美しく力強い絵も魅力的です。

016『ねずみくんのチョッキ』

なかえよしを・作　上野紀子・絵（ポプラ社）1000円

ねずみくんが、お母さんのつくった赤いチョッキをうれしそうに着ています。とてもすてきなチョッキなので、友だちが次々にやってきて「ちょっときせてよ」と貸してもらいます。最後はぞうまでやってきて…。動物たちと交わすことばは同じですが、だんだんチョッキが伸びていくところが楽しい。

017『ポケットのないカンガルー』

エミイ・ペイン・作　H.A. レイ・絵　ニシウチミナミ・訳（偕成社）1400円

ポケットのないカンガルーは、子どもをおなかのポケットに入れて出かけることができません。そこで町にポケットを探しに出かけることにしました。子どものためにあきらめない、ひたむきなお母さんカンガルーの姿がすてきです。最後には願いがかない、本当によかったという気持ちになれます。

018『どうぶつえんのおいしゃさん』

降矢洋子・作・絵　増井光子・監（福音館書店）900円

獣医さんのことを描いた絵本。小鳥からぞうまで、動物園の獣医さんはどんな動物でも治療できます。日ごろ見ることがない、動物園の裏の仕事、獣医という仕事のすばらしさに気づかされます。治してもらった動物たちの、うれしそうな様子が、とてもいいのです。

019『5ひきのすてきなねずみ　おんがくかいのよる』

たしろちさと・作（ほるぷ出版）1400円

ある夜、かえるの音楽会で五匹のねずみたちが出会います。音楽に魅了されたねずみたちは、自分たちでやってみようと、だれもが楽しめる音楽会を計画します。楽器をつくって、練習を重ねるねずみたち。幼稚園・保育園でも楽器を演奏する機会があるので、ねずみたちに親しみが持てるのでは？

020『くまのコールテンくん』

ドン・フリーマン・作・絵　まつおかきょうこ・訳（偕成社）1200円

デパートで売られているくまのぬいぐるみのコールテンくん。一人の女の子がお母さんにほしいと頼むのですが、ズボンのボタンがとれているからと買ってもらえません。閉店後、コールテンくんはデパートの中をボタン捜しに出かけます。その苦労ぶり、あたたかな結末が印象的です。

021『教会ねずみとのんきなねこ』

グレアム・オークリー・作・絵　三原泉・訳（徳間書店）1500円

ねずみのアーサーとねこのサムソンは教会で暮らしています。ところがある日、ねこのサムソンがおかした失敗から事件が起きて、ねずみが追い出されそうになってしまうのです。ストーリーの流れがとても楽しい絵本。設定がユニークで、話の楽しさから、最後まで子どもを引きつけて放しません。

022『コウモリとしょかんへいく』

ブライアン・リーズ・作・絵　さいごうようこ・訳（徳間書店）1500円

ある夜、窓が開いていると聞いて図書館に入ってきたコウモリたち。そこからコウモリたちは図書館を思う存分楽しむのです。お目当ての本を夢中で読み、本の世界に入り込んでしまったり。いろいろな本を読んで楽しむコウモリたちを通じて、図書館の楽しさを感じられる作品です。

023『やさしいライオン』

やなせたかし・作・絵　（フレーベル館）880円

犬のムクムクは、みなしごライオンブルブルのお母さんになって一生懸命育てます。そのうちブルブルは連れていかれ、ムクムクと離れ離れになってしまうのです。ブルブルが思い出すのは、お母さんの子守歌でした。親子の心の絆は永遠に続くのだということを実感できる物語。

024『いぬがかいた〜い!』

ボブ・グラハム・作・絵　木坂涼・訳（評論社）1300円

飼っていた猫が死んでしまって、寂しいケイト。パパとママに今度は犬を飼いたいとお願いします。家族で「犬の救助センター」に向かい、結局二匹の犬をもらいうけることになりました。犬をめぐる家族のあたたかな気持ちを通して、命の尊さや飼い続ける責任の重さが伝わります。

025『オコジョのすむ谷』

増田戻樹・文・写真（あかね書房）1400円

日本アルプスに住む小動物「オコジョ」を何年もかけて撮影してつくられた写真絵本です。日記が添えられていて、オコジョへの思いやできごとなどが簡単なことばでつづられています。小動物が好きな子どもには特におすすめ。ノンフィクションというジャンルへの導入としてもおすすめです。

026『ラチとらいおん』

マレーク・ベロニカ・作・絵　とくながやすもと・訳（福音館書店）1100円

気の弱い男の子が主人公。犬と暗いところが怖いのです。あるとき、マスコットライオンと出会い、その日から強くなるための特訓が始まります。そして少しずつ弱さに打ち勝っていくのです。読み終わったとき、自分も強くなったように感じるかも。「やればできる」を追体験できる作品です。

027『ちょびひげらいおん』

長新太・作・絵（あかね書房）1000円

長いひげを持つライオンがいました。でも、ひげをへびにかみつかれたり、木に巻きついてしまったり。いろいろなことが起こり、ライオンがどんどん情けない状態になっていくところが、何ともおかしいのです。ちょっと長いお話ですがついページをめくりたくなるはず。

028『リスとはじめての雪』

セバスティアン・メッシェンモーザー・作・絵　松永美穂・訳（コンセル）1800円

リスとハリネズミとクマは、冬はずっと眠っているので雪を見たことがありません。ヤギから、雪は白くて、しめっぽくて、冷たくて、やわらかいと聞いて、雪が降るのを待つのですが…。三匹がめぐらす雪への想い、雪が降ってきて天に吸いこまれていくような感覚が感動的な作品です。

029『ネコのタクシー』

南部和也・作　さとうあや・絵（福音館書店）1200円

野良猫のトムは、願いがかなってタクシードライバーのランスさんに飼われることに。そのランスさんがけがをして働けなくなったので、主人へのお礼にトムが猫のタクシーを始めるのです。作者は獣医さん。猫を知り尽くした人だからこそ書ける作品です。全十話の短編なので、気軽に読めます。

030『アリクイにおまかせ』

竹下文子・作　堀川波・絵（小峰書店）1100円

お片づけが苦手なココちゃん。ある日アリクイがやってきて部屋をきれいに片づけてくれました。それでもまた散らかってしまい、再びアリクイが来て、部屋のものはすべて運び出してしまいます。大事なおもちゃまで！　本当に自分にとって大切なものは何なのか、大人も考えさせられます。

031『ペンギンたんけんたい』

斉藤洋・作　高畠純・絵（講談社）1100円

南の島に上陸したペンギンたんけんたい。ライオンやヘビ、ワニなどに目もくれず「エンヤコラドッコイ！」とひたすら前進するのです。子どもたちはまずこのフレーズにはまるのでは？　ペンギンたちのどこかハードボイルドな雰囲気も魅力的。ストーリー、場面展開がすばらしい。

032『こぐまのくまくん』

E・H・ミナリック・作　センダック・絵　まつおかきょうこ・訳（福音館書店）1000 円

くまくんを主人公にした四つのお話が入っている絵本。くまくんの空想する世界に、お母さんがちゃんと付き合ってくれるところがすてきです。中でも、宇宙へ旅行するお話はとても楽しくおすすめ。子どもの空想につき合うのは大変ですが、ときにはこんなお母さんになってみてはいかがでしょう？

033『ちびねこチョビ』

角野栄子・作　垂石眞子・絵（あかね書房）854 円

黒猫のチョビはいたずらっ子。いつもお母さんを困らせています。そのチョビも成長し、自分が母親になったときに、「お母さんはこんな気持ちだったんだ」とわかるのです。チョビがかわいらしく、楽しく読める物語ですが、同時に読んであげているお母さんの心にも訴えるものもあるでしょう。

034『ホシコ　星をもつ馬』

加藤多一・作　早川重章・絵（童心社）1200 円

戦争が始まるころのお話。北海道の大地で、少年と美しい星の模様を持つ馬が心を通わせながら過ごしていました。けれど戦争をきっかけに、少年は兵隊になり馬も駆り出され、離れ離れに。動物との心の交流、別れのせつなさなど、自分と重ねて読むことができるでしょう。

035『番ねずみのヤカちゃん』

R・ウィルバー・作　大社玲子・絵　松岡享子・訳（福音館書店）1300 円

ある家にねずみの家族が住んでいます。人間に見つからないように小さい声で話しているのですが、末っ子のヤカちゃんの声の大きいこと。この絵本を読み聞かせるときは、声の強弱をつけるとわかりやすく、楽しめるでしょう。声の大きさがどんなことを引き起こすのか、ハラハラドキドキの物語。

036『おおかみかいだんかけのぼれ』

松澤睦実・作　岡村好文・絵（フレーベル館）1000円

『赤ずきんちゃん』の物語から生まれた、もう一つの世界。おばあさんのお見舞いに行く途中で出会ったオオカミといっしょに、おばけを退治するという意外なストーリー。オオカミと赤ずきんとの関係がおもしろく、おばけにつかまらないようアパートの階段をかけあがるところはスリル満点。

037『黒ねこのおきゃくさま』

エインズワース・作　山内ふじ江・絵　荒このみ・訳（福音館書店）1200円

寒い冬の夜、貧しいおじいさんのところにやせ細った黒い猫がやってきました。おじいさんは自分の食べ物をすべて猫に与えてしまいます。印象的なのはおじいさんが黒猫といっしょに寝るシーン。猫との出会いと別れのほろ苦さ、すべてが語られないからこそ、考えさせられる作品です。

038『かわいいこねこをもらってください』

なりゆきわかこ・作　垂石眞子・絵（ポプラ社）900円

ちいちゃんは弱っていた捨て猫を拾い、病院で治療してもらいました。猫は少しずつ元気をとり戻したものの、アパート暮らしなので飼うことができません。保健所に連れていきたくない…限られた時間の中、必死で新しい飼い主を探すちいちゃんの気持ちが心をゆさぶります。

039『南極のペンギン』

高倉健・作　唐仁原教久・絵（集英社）1400円

高倉健さんが、自身の印象に残っている「子どもたちに伝えたい」場所、人、動物などについて、淡々と語っています。彼の目を通して、その魅力が伝わります。子どもたちは、日本以外のさまざまな国で、いろいろなことがあるのだと感じられるのでは。

040『どうぶつえんガイド』

あべ弘士・作・絵（福音館書店）1600 円

ライオン、ラクダ、リス、ウサギなど動物園で出会える四十一種類の動物について、あらゆること、特徴がわかりやすく描かれています。どのページから読んでも楽しく、一ヶ所を読むと他もどんどん読みたくなるはず。あべ弘士さんの絵が芸術的、かつ動物の特徴をつかんでいてすばらしい！

041『ネコジャラシはらっぱのモグラより』

吉田道子・作　福田岩緒・絵（くもん出版）748 円

そうたのおじいちゃんにモグラから手紙が届きます。そこには「なんでもねがいことをかなえてあげます」と書いてありました。どうしてもモグラに会いたくなり、おじいちゃんの家に泊まってモグラに会いに出かけますが…。そうたと仲よくしたいおじいちゃんの気持ち、心の交流があたたかい。

042『マンホールからこんにちは』

いとうひろし・作（徳間書店）1400 円

おつかいの帰り道、道の真ん中に変なものが。よくみるとマンホールから首だけ出したキリンだった！不思議だけど、とても楽しい絵本です。そもそも子どもはマンホールに興味津々。読んだあとには、お散歩だけでなく、おつかいにきっといきたくなることでしょう。

043『カモのきょうだい　クリとゴマ』

なかがわちひろ・作（アリス館）1400 円

台風で巣から流されてきたカルガモの卵を助け、大切に育てるドキュメンタリー。無事にヒナになった二羽のお世話をする男の子。甘えんぼうでいたずらっ子のカルガモきょうだいの成長が、写真やイラストでつづられています。本当にかわいらしく、生き物を育てるということを追体験できる本。

いろいろな季節と自然

001 『ざっそうの名前』

長尾玲子・作・絵（福音館書店）1100円

町中の道ばたに生えている「雑草」については、植物図鑑でもなかなかすぐにはわかりません。植物園の花壇の草花にはちゃんと名札がついているのに、その脇で咲く「雑草」については、もちろん一言も触れられていないのです。そんな「雑草」たちに日の目を見せてくれるのが、この本です。

002 『くだものいろいろかくれんぼ』

いしかわこうじ・作（ポプラ社）880円

鮮やかな色づかいがきれいです。幼児なら必ずと言ってよいほど興味を持つでしょう。子どもたちの大好きなくだものの形や姿が描かれていて、楽しい絵本です。英語も表記されています。

003 『ねむいねむいおはなし』

ユリ・シュルヴィッツ・作・絵　さくまゆみこ・訳（あすなろ書房）1300円

ねむいねむい夜。家具たちが、だんだんねむい顔になっていくのです。途中、楽しい時間もあるのですが、やっぱりまたみんなねむくなり…。静かな夜の風景を想像したり感じたりできるのでは？　寝る前に読むのにぴったりの一冊。

004『はなをくんくん』

ルース・クラウス・作　マーク・シーモント・絵　きじまはじめ・訳（福音館書店）1100円

冬山に春が訪れる情景が描かれている絵本です。雪深い森の中、春のにおいが漂ってくるのです。そのにおいにひかれ、冬眠していた森の動物たちが目を覚まし、鼻をくんくんさせて走り出します。子どもなりに、春のにおいはどんなものかというイメージを膨らませることでしょう。

005『へちまのへーたろー』

二宮由紀子・作　スドウビウ・絵（教育画劇）1300円

きゅうりと間違えられた、へちまのへーたろー。何とかへちまであることをわかってもらおうと、太ったり、つるつるに磨いたり、勉強をしたりとあらゆる努力をするのです。でも、努力をすればするほど自分らしさが消えていくのです。頑張りすぎなくても、ありのままでいいのだと教えられます。

006『青いヤドカリ』

村上康成・作・絵（徳間書店）1500円

少年がタコに導かれ、青い貝がらを手に冒険に出かけます。一面が美しい青の世界で魅了されます。青く、深く、美しい海の世界、ウミウシやウニなど、さまざまな生き物たちとの出会い…。夏休みの思い出と重ね合わせて読むこともできるでしょうし、何よりまた海に行きたくなる絵本です。

007『とべバッタ』

田島征三・作・絵（偕成社）1400円

くさむらの中でビクビクしながら生きているバッタが主人公。ある日決心して大空に向かって羽ばたきます。次々と現れる天敵たち。バッタは全力で敵を蹴散らしていきます。田島征三さんの素朴で力強い絵が印象的。強敵を次々と倒すバッタに、子どもはもちろん、大人も勇気をもらえる絵本です。

008『なんのにおい　なつ』

ビーゲン・セン・作　永井郁子・絵（絵本塾出版）1200 円

夏に特有なにおいや香りに注目した絵本。もちろん、においだけではなく、夏の風情や風物を絵で表現しています。嗅覚からその世界へと読み手を誘うユニークな趣向です。

009『小学館の図鑑NEO　本物の大きさ絵本　原寸大　すいぞく館』

さかなクン・作　松沢陽士・写真（小学館）1500 円

原寸大にこだわった絵本です。ページの大きさを魚の実際の大きさに合わせてあり、折り畳まれていますので、しかけ絵本のように、ページを伸ばし広げる楽しさがあります。大きな魚だと迫力もあり、ワクワク感も大きいです。

010『くすのきだんちのなつやすみ』

武鹿悦子・作　末崎茂樹・絵（ひかりのくに）1200 円

「くすのきだんち」シリーズの第五弾。地下室に住む管理人のもぐらのもぐさん以外は全員、海に山に合宿にとそれぞれ出かけてしまいました。その間に、ルスアラシがやってきて、くすのきだんちは危機一髪。そして、夜になると恐ろしい音が…。留守をする方に焦点を合わせたところが新鮮です。

011『コウテイペンギンのおやこ』

内山晟・作・写真（ポプラ社）1000 円

コウテイペンギンの子どもが育つ様子が描かれた写真絵本。南極という過酷な自然の中で暮らすペンギンの親子。ときには、深い雪に埋もれているヒナの写真もあります。そんな自然環境の厳しさも含め、ペンギンの親子がたくましく生きていく姿は、子どもたちにもぜひ見せてあげたいですね。

012『空の絵本』

長田弘・作　荒井良二・絵（講談社）1400円

詩人・長田弘さんによる洗練されたことばに、荒井良二さんが描いた精密な空の絵。一日を通して移り変わる空の様子が鮮やかに表現されています。子どもはもちろんですが、大人になっても手元に置いておきたくなる良書。読み聞かせをするお母さん自身も楽しめるのではないでしょうか。

013『なつやさいのなつやすみ』

林木林・作　柿田ゆかり・絵（ひかりのくに）1280円

夏が旬の野菜たちが、夏休みを満喫します。ことば遊びもあるので、子どもたちは楽しめるでしょう。また、ここに出てくる野菜たちが夏野菜だということを、大人でも知らない人がいるかもしれません。夏の食卓での話題にもなりそう。色合いも鮮やかで、きれいです。

014『ふしぎなたけのこ』

松野正子・作　瀬川康男・絵（福音館書店）800円

たろうが竹やぶでたけのこを掘っているとき、たけのこがどんどん伸び始めます。たろうが先端につかまったままたけのこは伸び続け、倒れた先は海でした。それまで行き来のなかった山と海の人たちの交流、新しい世界が開ける期待感が高まります。勇気を持ってやってみようという動機づけにも。

015『ひとつぶのもりのたね』

千世繭子・作　高野紀子・絵（フレーベル館）1400円

日本の山里、森林の様子、動植物の暮らしぶりを描いた絵本。自然は動物と植物が共生してこそ存在するということ、生態系に目を向けることができます。雨の少ない夏が終わり、森の様子がおかしいと気づいたリスを通して語られるストーリーから、本当に大切なものが見えてきます。

016『あめあめふれふれもっとふれ』

シャーリー・モーガン・作　エドワードアーディゾーニ・絵　なかがわちひろ・訳（のら書店）1100円

なかなか雨がやまない毎日。兄妹は雨でも外を歩き回れる犬や猫、新聞配達の人にあこがれます。小降りになり、外に出てもいいとお母さんの許しが出ました。レインコートを着て飛び出していく二人。子どもたちは雨の中で遊び始めます。その楽しそうな様子が、何ともほほえましいのです。

017『さむがりやのサンタ』

レイモンド・ブリッグズ・作・絵　すがはらひろくに・訳（福音館書店）1200円

サンタクロースの、クリスマスの一日を描いています。夢の途中で目覚まし時計に起こされ、忙しい一日が始まります。朝ごはんを食べたり、トナカイにえさをやったり。ちょっとぐうたらで、気難しくて寒がりなサンタクロース像は、きっと子どもたちにとっては興味深いものでしょう。

018『メリークリスマスおつきさま』

アンドレ・ダーハン・作・絵　きたやまようこ・訳（講談社）1600円

ねずみのマヤは、お月さまの明るい光を少し分けてもらいたいという願いを書いた紙ひこうきを飛ばします。ところがその紙ひこうきが届いたのは、サンタクロースのところでした。サンタクロースは、マヤの願いをかなえようと…。読んだ子どもは自分と重ね、クリスマスの日への期待感がきっと高まるはず。

019『サンタクロースっているんでしょうか』

ニューヨーク・サン新聞「社説」　東逸子・絵　中村妙子・訳（偕成社）800円

ある女の子が、新聞社に「サンタクロースはいるの？」という内容の投書をし、一人の記者がその疑問に正面から答えたものをまとめた絵本。サンタクロースは、信じている人のところにやってくる…。目に見えないものを信じる豊かさ、自分にしか感じられない何かの大切さが伝わります。

020『おたすけこびとのクリスマス』

なかがわちひろ・作　コヨセジュンジ・絵（徳間書店）1500円

クリスマスの夜、こびとたちは「はたらく車」を使って働いています。大型トラック、クレーン車、ブルドーザーやロードローラーなどが登場し、男の子は特に楽しめそう。いったい何をしているのでしょう？　おたすけこびとの存在が頼もしく、クリスマスを迎える楽しみが増えそうです。

021『雪わたり』

宮沢賢治・作　堀内誠一・絵（福音館書店）1300円

四郎とかん子が凍った雪の道を歩きながら「かた雪かんこ、しみ雪しんこ」と歌います。このような、作品の随所に見られることば遊びが、とても心地よく響くのです。いろいろな出版社から刊行されていますが、ここでは堀内誠一さんの絵のすばらしさも楽しめる、福音館書店版をおすすめします。

022『おおきなおおきなおいも』

市村久子・原案　赤羽末吉・作・絵（福音館書店）1200円

あおぞらようちえんの芋ほり遠足が雨で一週間延期になってしまいます。待ち遠しい子どもたちは、紙にお芋の絵を描き始めるのですが、紙をどんどんつなげて描いていくうちに、船になったり恐竜になったり…子どもたちの想像が膨らんでいく世界に、すっかり引きこまれ、楽しく読める絵本です。

023『木はいいなあ』

ユードリィ・作　シーモント・絵　さいおんじさちこ・訳（偕成社）1000円

木がある生活はすばらしい。木がたくさんあるところは森になります。落ち葉でいろいろな遊びを楽しむこともできるし、ブランコで遊ぶこともできるのです。この絵本から、木の魅力を感じ、木で遊びたいという思いがかきたてられます。木からもらえるものがたくさんあります。

024『木をかこう』

ブルーノ・ムナーリ・作・絵　須賀敦子・訳（至光社）1429円

世界的に有名なデザイナーによる、木の描き方を紹介した絵本。たとえば幹よりも枝を細く、枝先をどんどん細く…など、それは木を細かく観察しているからこそ。絵の描き方だけでなく、ものの見方、観察のしかたが自然に理解できるのです。須賀敦子さんのすばらしい翻訳にも、ぜひご注目を。

025『日本の川　たまがわ』

村松昭・作（偕成社）1400円

流域に住んでいる子どもには、あ、この橋はすぐ近くにあるよね、などと話してあげましょう。とても精密でわかりやすい地図と、実際の場所を参照することによって地域学習になり、散歩や散策が楽しくなるでしょう。たまがわ以外にも各地域の川の本もあります。

026『ガラパゴス』

ジェイソン・チン・作　福岡伸一・訳（講談社）1500円

ガラパゴス諸島の生態系、特に動物たちの特別な進化の理由や成り立ちが、わかりやすい説明とイラストで描かれています。色彩豊かで精密な絵が美しい。ガラパゴスの豊かな自然を感じてください。

027『いのちあふれる海へ　海洋学者シルビア・アール』

クレア・A・ニヴォラ・作　おびかゆうこ・訳（福音館書店）1300円

幼い頃から身の回りの自然に興味を持ち、やがて海に心を奪われ、海洋学者になったシルビア・アール。九百メートルもの深い海底まで、潜水装置を身につけて下りていき、その世界を体感します。女性海洋学者シルビア・アールの魅力的な生涯が、美しい絵とともに描かれます。

かずあそびと科学

001『かみひこうき』

小林実・作　林明子・絵（福音館書店）900円

紙ひこうきのつくり方を、やさしくていねいに教えてくれる絵本です。うまく飛ばないときはどこを直せばいいのか、翼のそらせ方などちょっとしたテクニックを紹介しています。科学的な要素がありながら、林明子さんの絵でほのぼのとさせられます。特に男の子は夢中になることでしょう。

002『すいかのたね』

さとうわきこ・作・絵（福音館書店）800円

人気の「ばばばあちゃん」シリーズ。元気で威勢のいいばばばあちゃん。ある日、土の中のすいかの種に向かって「いいかげんに芽を出して大きくおなり！」と叫びます。するとすいかは怒って芽を出して…。すいかとばばばあちゃんのやりとりが何とも楽しくて、思わず引きこまれます。

003『やさいはいきている』

藤田智・監　岩間史朗・写真（ひさかたチャイルド）1000円

いろいろな野菜の切れ端を水につけると、芽が出てくるということがわかる絵本。生きている野菜に触れ、芽が出てくるという発見にワクワクして読めることでしょう。この絵本を読んだら、きっと自分でもさまざまな実験をしてみたくなるはずです。何より、手軽にできるところがいいですね。

004『かぐ・五感の本』

クロード・デラフォックス・作　手塚千史・訳（岳陽舎）1200円

においが危険を知らせ、食欲を起こさせ、思い出を誘います。この絵本は、人間がどのようににおいを感知するかということを、科学的にわかりやすく描いています。大人も含めて嗅覚にはあまり関心が持たれていませんが、実はとても動物的な感覚だということがよくわかります。

005『あさがお』

荒井真紀・作・絵（金の星社）1200円

自然の不思議に満ちたあさがお。種から芽が出て美しい花が咲き…生長の様子が、ていねいな美しい絵で描かれた絵本です。小学一年生のあさがおの学習にもきっと役に立つでしょう。何よりまるで写真のような絵の美しさには、大人も感動します。実物を見るより正確に観察できるかもしれません。

006『どの色すき』

とだこうしろう・作（戸田デザイン研究室）1100円

服を選ぶとき、その日の気分や天気などによって、今日は何色の服にしようなどと思いませんか。この本は、色の組み合わせや配色の美しさを、子どもに教えてくれます。このシャツには何色のズボンが合うかな？など、親子で話すと楽しいですね。

007『どうなってるの　からだのなか』

ケイティ・デインズ・作　福本友美子・訳（ひさかたチャイルド）1800円

小さな子どもでも、意外に人体への興味を持っているようです。お腹がすいたとか、転んですりむいたとか、風邪をひいたとかなどだけでなく、体の中への好奇心もあるように感じます。この本はページごとに簡単なしかけがあり、臓器の中がどのようになっているか、小さな扉を開ければわかるようになっています。

008『かさぶたくん』

やぎゅうげんいちろう・作（福音館書店）900円

子どもなら一度は「かさぶたとりたいなぁ」と思ったことがあるのでは。なぜとってはいけないのか？かさぶたって何なのか？子どもの気持ちにそってユーモラスに説明してくれる科学絵本です。他の子にも説明ができるかなと、お子さんと内容を確認してみるのも楽しいです。

009『かぞえてみよう』

安野光雅・作・絵（講談社）1600円

安野光雅さんの細密な風景画がすばらしい。たとえば「3」なら、緑豊かな風景の中に赤い花が三輪ずつ描かれ、数が表現されています。絵の美しさにうっとりしながら、数の概念とその具体化というポイントを自然に押さえられるようになるでしょう。

010『むしたちのうんどうかい』

得田之久・作　久住卓也・絵（童心社）1300円

虫たちが運動会を開催します。クツワムシ、コオロギ、カブトムシ、バッタ、ダンゴムシ…。かけっこやダンスなどで大盛り上がり。昼休みのごはんにとオオムラサキが樹液を吸いに行くなど、それぞれの虫の生態も盛りこまれているところがおもしろい。虫好きの子には特におすすめです。

011『ハリセンボンがふくらんだ』

鈴木克美・作　石井聖岳・絵（あかね書房）1400円

ちょっと不思議なハリセンボンについて、その生態がわかりやすく紹介されている科学絵本です。ハリセンボンはなぜ大きく膨らむのでしょう。フグとの違いはどこなのか。ハリセンボンの産卵は？　ちょっとひょうきんなハリセンボンの表情も楽しめます。「絵本　海の生き物」シリーズの中の一冊。

012 『コバンザメのぼうけん』

灰谷健次郎・作　村上康成・絵（童心社）1500円

表紙には大きなクジラの絵。よく見ると小さなコバンザメがくっついているのです。「もっとセケンを知らなくちゃ」とクジラに言われたコバンザメが、セケン探しの旅に出るのです。途中いろいろな魚と出会い、経験を通して成長するコバンザメ。海の生き物の生態だけでなく、物語も楽しめます。

013 『いのちのつながり』

中村運・作　佐藤直行・絵（福音館書店）1300円

動物と植物の違いは何だろう。分子生物学者の作者が細胞や遺伝子、生命の由来について、子どもにもわかりやすく解説しています。私たち人間はこれらの生き物たちと別物ではなく、さかのぼれば同じ生命を持つものだということが伝わります。家に一冊置いておき、繰り返し読みたい本。

014 『とけいのほん①』

まついのりこ・作（福音館書店）900円

時計の読み方が自然に身につきます。長針・短針や数字・時刻の感覚が、わかりやすい説明で、直感的に受け止められるようになります。四十年間読まれ続けている名作なので、小さいころに読んだお父さん、お母さんもいらっしゃるのでは？

015 『チックタックじかんってなあに？』

ベス・ユーマン・グレイク・作　ハーベイ・ワイス・絵　もりひさし・訳（偕成社）1400円

幼い子どもにとって、時間の概念は意外と理解しづらいもの。この絵本は一秒、一分、一時間…という時間の長さから、一年、過去、未来と表される時間について、わかりやすく教えてくれるのです。教えこもうとして読むのではなく、あくまでも自然に頑張らず、楽しく読んであげましょう。

016『あさよる、なつふゆちきゅうはまわる』

かこさとし・作・絵（農山漁村文化協会）1800円

月や太陽は地球の周りを回っているように見えるけれど、本当はどうなっているの？　そんな疑問に答えてくれる科学絵本。地球の自転、公転、季節の移り変わり、地球の動きと人間の感じ方との関係などがわかりやすく解説されています。身近なところから壮大な宇宙までとらえる目を育ててくれる本。

017『カエルの目だま』

日高敏隆・作　大野八生・絵（福音館書店）1300円

作者は動物行動学の第一人者。カエルが自分の目玉の構造を自慢します。するとトンボやミズスマシもやってきて、それぞれ意見を言うのです。生き物によっていろいろな目があると教えてくれるので、子どもが自然に目を向けるきっかけにもなるし、大人が読んでも十分興味深い内容です。

018『はじめてであうすうがくの絵本』（全三巻）

安野光雅・作・絵（福音館書店）各1600円

「なかまはずれ」「じゅんばん」「せいくらべ」など子どもでもわかりやすい話題から、数学的な世界に導かれ、楽しめる絵本です。親子いっしょにゲーム感覚で遊びましょう。受験にも役立つところはありますが、親のそんな思いはあえて封じ、純粋に楽しんでください。

019『きまぐれロボット』

星新一・作　和田誠・絵（理論社）1200円

三十一のSF短編がおさめられています。星新一さんの作品は、人間心理の機微だけでなく科学のおもしろさも描かれているのが特長。まさかと思うようなところに、落とし穴のあるストーリーが楽しい。独特な場面背景も著者ならでは。和田誠さんの絵も物語の世界とマッチして魅力的。

ことばってたのしいね
図鑑　辞書

001『もけらもけら』

山下洋輔・作　元永定正・絵（福音館書店）1200円

作者は有名なジャズピアニスト。ページをめくると「ころ　もこ　めか」「しゃばだ　ばたさ」など、意味不明な音が続きます。幼い子どもたちは、まだことばの意味に縛られていませんから、大人には不思議と思えるような音の響きと絵の一体感を、素直に味わうことができるでしょう。とても刺激的な絵本。

002『いま、なんさい？』

ひがしちから・作・絵（BL出版）1300円

五歳の誕生日を迎えたゆきちゃんが、みんなに「わたしはいまなんさいでしょうか？」と聞いてみることにしました。すると次々とおかしな答えが返ってきます。「はくさい」「あじさい」「めんどくさい」「おならくさい」。「さい」がつくことばが次々に飛び出すところが楽しい。ことばが広がる絵本。

003『ややこしや　寿限無寿限無　子ども版　声に出して読みたい日本語⑸』

斎藤孝・編　田中靖夫・絵（草思社）1600円

落語の古典でもある『寿限無』。これこそ声に出して読むと楽しい作品と言えるでしょう。意味はわからなくても、そらで言えたときの喜び、楽しさは大きいでしょう。大人たちの前で、小さな子どもが「じゅげむじゅげむ…」と最後までスラスラと言えたら、ちょっと誇らしい気持ちになれますね。

004『ふしぎなのらネコ』

くさのたき・作　つじむらあゆこ・絵（金の星社）1100円

さきちゃんが机にしまっていた宝物を、妹のななちゃんがバラバラに。さきちゃんは思わずななちゃんをたたいてしまいます。その後、野原で会った不思議な黒猫のアドバイスで、仲直りするのです。たたくのではなく、ことばに表すことが大切だよ、というメッセージが伝わってくる作品です。

005『はじめてのずかん①②』

たしろたく・作・絵（偕成社）各880円

子どもに、ものと名前の結びつきを教えるのに適した図鑑です。①は生き物、植物、野菜など。②は乗り物、身の回りのものや衣服、遊び、食べ物を集めて、それぞれにひらがなと英語がつけられています。親子で楽しく絵本を開く感覚で、自然とことばが身につくはず。英語を教えたい方にもおすすめ。

006『世界がわかる　ちずのえほん』

ふゆのいちこ・絵（学研教育出版）1500円

幼い子どもでも、地理的な知識を楽しめる本です。まず世界地図があり、ページをめくるとそれぞれの地域ごとの説明が添えられています。「世界で一番高い山は？」などのクイズも。家でニュースを見ているときに出てきた地名から、この絵本につなげると、子どもなりに地理が身近に。

007『わたしと小鳥とすずと　金子みすゞ童謡集』

金子みすゞ・作　高畠純・絵（JULA出版局）1200円

親子で朗読してほしい詩集です。もちろんすべての詩を読まなくてもいいのです。一つ読んだらそれで終わりでもかまいません。時間のあるときに口に出して読んでみてください。ことばはわかりやすいのですが、実に奥が深いのです。詩『大漁』に出てくる「いわしのとむらい」は、大人も考えさせられます。

008『小学館　ことばのえじてん』

篠崎晃一・監（小学館）3400円

幼児のためのオールカラーことば辞典。日常生活に沿った例文とわかりやすいイラストで、視覚的にことばの意味を理解できます。三千百語のことばが収録されていますから、しりとり遊びにも強くなりそうですね。親子でいっしょにページをめくって楽しめます。

009『くもんのはじめてのずかん　はな・くだもの・やさい・かいそう』

山田卓三・監（くもん出版）1200円

子どもたちにとって身近な、花、野菜、果物、海藻を紹介しています。知らなかった果物の名前を知ったり、嫌いだった野菜を図鑑の中で見つけたりしながら、これまでとは違った方向から、植物や食べ物をとらえられるようになるでしょう。

010『きせつの図鑑』

長谷川康男・監（小学館）2800円

主に、年中から小学校低学年の子どもに向けられた内容です。普段の生活に欠かせないことが学べます。核家族化して文化的な背景から遠ざかってしまった現代の私たちの日常生活。その中で見失われがちな、日本の伝統的な風情の大切さを、思い起こさせてくれます。生活の知恵の詰まった図鑑です。

011『こども百科4・5・6歳のずかんえほん　どうぶつの本』

今泉忠明・監（講談社）1200円

ページの紙が厚いので、小さな子にもめくりやすい。いろいろな動物がていねいに描かれていて、特徴をつかむにはこうした絵の方がわかりやすいでしょう。他に「うみのいきもの」、「のりもの」などもあります。

012『ドラえもんはじめての国語辞典』

小学館国語辞典編集部・編（小学館）1800円

国語辞典の導入に適した辞典。ことばの意味を、子どもたちにわかりやすく説明しています。オールカラー、ドラえもんたちがにぎやかに登場し、とても楽しい辞典です。入学前のお子さんにおすすめします。もちろん、就学後も本格的な辞典として使えます。

013『オールカラー学習漢字新辞典』

加納喜光・監（小学館）1400円

小学校で習うすべての漢字が、学年ごとにまとまっているところが斬新な辞典。それぞれの漢字について、音訓それぞれの読み方、書き順、成り立ち、使い方の説明があり、英語も対応しています。オールカラーでイラストが豊富なので読みやすく、子ども一人でも引くことができます。

014『例解学習ことわざ辞典』

小学館辞典編集部・編（小学館）1300円

「転ばぬ先の杖」「犬も歩けば棒に当たる」などのことわざはもちろん、「油を売る」「ちんぷんかんぷん」「鼻が高い」など慣用的や言い回しの意味や用例も収録されています。小学校一年生から楽しめます。

015『きっずジャポニカ　新版』

尾木直樹・平田オリザ・福岡伸一・監（小学館）7200円

小学生のための学習百科事典。一万三千五百項目がわかりやすく解説されています。カラーの図版も多く、理解を深めてくれます。リビングに一冊置くだけで、子どもの知識が自然に増え、調べ学習にも役立ちます。物語好きな子も、読み物としてかなり楽しめます。

おわりに

学齢前の子どもというのは、言いかえればまだ赤ちゃんを脱したばかりの時期です。難しいことはまだわかりませんが、自分の気持ちやしたいことについて話せるようになります。笑顔や仕草もとてもかわいいでしょう。幼年期というのは、親として至福のときなのかもしれません。

一方で、駄々をこねてみたり、なかなかおむつがとれなかったり、偏食がちだったり、どこかに「問題」を抱えた「困ったちゃん」に我が子が思えるときもあるでしょう。

私は、この本を書いていて、幼年時代の我が子との幸せな日々を思い出していました。私は幸運なことに、我が子との時間を、他の働くお父さんよりは多く持つことができたと思っています。

しかし、それは単にうれしい、楽しい時間が多くなったということではありません。子どもと向き合うには、大きなエネルギーがいります。仕事で疲れているから、という事情を子どもは察してくれません。遊ぶにしてもいろいろと工夫と忍耐が必要です。正直、戸惑いを感じたり、不安になったり、いらだちを覚えたこともありました。

そんなときには、妻に相談したり、妻のやり方を見習ったりしました。また、数えるほどでしたが、妻の息が詰まっていそうなときには、私が子どもを連れ出したり、家事をしたりして、気晴らしをしてもらいました。

また、私も妻も、いろいろな人に、そのときどきで、地についたアドバイスをもらいました。それはそれは、ありがたかったです。周りの人の助けがあったからこそ、子どもとの時間を楽しむことができたのだと思います。

思い返すと、私と子どもの間には、いつも本がありました。本を通じて、子どもとの会話が生まれ、感想を共有し、楽しむことができました。絵本を読み聞かせたり、一緒に読んだりする時間は、子どもだけでなく、親にとっても癒しの時間になると私は心から実感しています。また本は、子育てのヒントになるアイディアの宝庫でもあると思います。

最後に一つ、皆さんに伝えたいことがあります。私の著作にずっとかかわってくださった竹中裕子氏の娘さんが昨年、十一歳で、事故のため亡くなりました。いろいろな事情を知れば知るほど、この事故は防ぐことができたのではという思いが深まってなりません。

娘さんは、無類の本好きだと生前から聞いていました。彼女は、拙著『本を読んだらすすめてみよう 小学生のための読解力をつける 読書感想文ノート』の筆記例を、当時は小学二年生だったのに、見事に書き上げてくれました。科学者を目指していたと思えないほど、詩や文章にはしみじみとした味わいがありました。私は彼女の成長を、とても楽しみにしておりました。

彼女の人生を、今多くの子どもたちが引き継ごうとしている気がします。彼女の存在が社会を変える予感もします。私もまた、そういう立場を担える大人として、生きていこうと思います。

本は、こうして、喜怒哀楽とともに、いろいろな人々をつなぐ架け橋のような役目を果たしていくのだと信じます。私の本が、これから楽しくまじめに子育てに勤しもうとしている方々のために、静かに寄り添うことができればと願っております。

今回も、編集の中西彩子氏、そして竹中裕子氏には、大変な状況の中、多大なお力添えをいただきました。遅筆な私をここまで導いてくださり、感謝のことばもありません。また、この場を借りて、さまざまな啓示を与えてくれる私の家族に、心から感謝のことばを申し添えたいと思います。

特に、千尋へ。この本のブックリストについては、小さい頃から今までに、君が選び、読んだ本に、ずいぶん助けられました。特別に、ありがとう。
そして、出会えたさまざまな本たちに。

二〇一三年　八月　吉日

中島克治

中島克治　なかじま・かつじ
麻布中学・高校を経て、東京大学文学部卒業。東京大学大学院人文科学研究科博士課程に
進んだ後、麻布中学・高校国語科教諭となる。
著書に『小学生のための読解力をつける魔法の本棚』
『小学生のための読解力をつける読書紹介文ノート』
『中学生のための読解力を伸ばす魔法の本棚』
『本物の国語力をつけることばパズル』（全て小学館）がある。

校正
鷗来堂

制作
苅谷直子
後藤直之
粕谷裕次

宣伝
阿部慶輔

販売
山岡秀雄

編集
中西彩子

小学校入学前にことばの力をつける魔法の本棚

2013年 9月30日　初版第1刷発行
2017年12月27日　　　第2刷発行

著者
中島克治

発行者
金川　浩

発行所
株式会社　小学館

〒101-8001　東京都千代田区一ツ橋2-3-1
電話　編集　03-3230-5170
　　　販売　03-5281-3555

印刷所
萩原印刷株式会社

製本所
株式会社若林製本工場

ISBN 978-4-09-840149-9